DEDO PODRE

UMA CONSTRUÇÃO BIUNÍVOCA

Distorcida

DEDO PODRE

Mamede de Alcântara

UMA CONSTRUÇÃO BIUNÍVOCA

Distorcida

crivo

As imagens da capa e da página 70 foram geradas por IA

Edição e Revisão Amanda Bruno de Mello
Capa, Projeto gráfico e Diagramação Gustavo Zeferino
Coordenação Editorial Lucas Maroca de Castro

Dados Internacionais de Catalogação na Publicação (CIP) de acordo com ISBD

A347d Alcântara, Mamede de.
Dedo podre: uma construção biunívoca distorcida/ Mamede de Alcântara. – Belo Horizonte: Crivo, 2025.
102p.: 14 cm x 21 cm.

ISBN: 978-65-89032-98-4

1. Psicologia. 2. Comportamento humano. 3. Emoções. I. Título.
CDD 150
CDU 159.9

Catalogação na fonte por Alessandra Oliveira Pereira CRB-6/2616
Índice para catálogo sistemático:
1. CDD 150
2. CDU 159.9

Crivo Editorial
Rua Fernandes Tourinho, 602, sala 502
30.112-000 – Funcionários – Belo Horizonte – MG

www.crivoeditorial.com.br
contato@crivoeditorial.com.br
facebook.com/crivoeditorial
instagram.com/crivoeditorial
loja.crivoeditorial.com.br

AGRADECIMENTOS

À Psicologia e a todos que recorreram à minha assistência, retornando-me valiosas colheitas, como este livro – metáfora do *Dedo podre* –, minha gratidão. Ao elaborá-lo, minha esposa e eu, não imunes à temática, nos tornamos como pinguins, mergulhando profundamente em nós mesmos. Minha gratidão por ter lido criticamente e prefaciado este livro.

Aos meus filhos, Andréa Alcântara e André Luís Alcântara, portais cotidianos. O André, perfil de pato, inspirou-me a colocar a bicharada nos textos. À Andréa, pela paciência, mesmo quando, por vezes, eu "plagiava" efeitos de *priming* em seu trabalho nas redes sociais, e pela imagem de Deusa Poesia que cedeu ao livro. A eles, minhas desculpas por, em algum momento, tê-los "colonizado" com meus convencimentos de pai, só evidenciados quando leram, enquanto eu escrevia, *Dedo podre*. Agradeço-lhes por se tornarem faróis, iluminando algumas temáticas. A inteligência artificial, a que tanto recorro em meu trabalho, foi-me apresentada por André, cuja habilidade com essa ferramenta reflete seu próprio ofício.

À Franciscleide (Andrei Marani), pelo talento e dedicação ao divulgar meus livros na Bienal de São Paulo e além, minha imensa gratidão.

À Lucy Nery, que, ao ler um texto que abordava seu trabalho e sua experiência como proprietária da rede de lojas BabyLook, contribuiu, com seu retorno, para a semeadura de novas consciências sobre esse importante tema.

Sumário

9 PREFÁCIO

12 INTRODUÇÃO

15 CAPÍTULO 1.
NO POLEIRO, IMOLADO SORRINDO E O EFEITO DE *PRIMING* DE QUEM SABE ENCANTAR

18 CAPÍTULO 2.
ESVAZIARAM O INCONDICIONAL E O AMOR QUE ME DERAM FOI CARO DEMAIS

20 CAPÍTULO 3.
O CASAMENTO: UMA EPOPEIA DE RUÍNA E REDENÇÃO

22 CAPÍTULO 4.
AS FERIDAS DO AMOR E O ENIGMA DA CURA

24 CAPÍTULO 5.
DESQUALIFICAÇÃO DE PROBLEMAS COM SAÍDA PELA TANGENTE

27 CAPÍTULO 6.
O INATO E O TROFÉU: O VOO DA ÁGUIA EM SEU RESGATE

29 CAPÍTULO 7.
CINDERELA PROVOCA EFEITO DE *PRIMING*, DE UM LADO, E O PRÍNCIPE TIO PATINHAS, DE OUTRO

35 CAPÍTULO 8.
A DANÇA DA ROSA E DO ESPINHO

37 CAPÍTULO 9.
REPARENTALIZAÇÃO: A TROCA DO INFERNO PELO CÉU

39 CAPÍTULO 10.
CASAIS QUE CARECEM DE SUAS ALFORRIAS PARA SEREM SUA PRÓPRIA RESPOSTA

41 CAPÍTULO 11.
A ILUSÃO DA ALIANÇA NO DEDO QUE PROTEGERIA O AMOR

44 CAPÍTULO 12.
A FASE DA LAJE NO SER FAZ FLORESCER UM VISLUMBRE EXTRAORDINÁRIO

49 CAPÍTULO 13.
CONSCIÊNCIAS E CONSCIÊNCIAS

52 **CAPÍTULO 14.**
COMO SERIA A CONSTRUÇÃO DE UM AMOR SADOMASOQUISTA?

57 **CAPÍTULO 15.**
NO ROMANCE: QUEM É O CAÇADOR E QUEM É A CAÇA?

59 **CAPÍTULO 16.**
INFLUÊNCIAS PRESENTES E FUTURAS DOS APEGOS

67 **CAPÍTULO 17.**
CASO PSICOSSOMÁTICO QUE EMBASA A TEORIA DO APEGO

70 **CAPÍTULO 18.**
PALÁCIO ANFITRIÃO DE PRINCESAS E PRÍNCIPES

74 **CAPÍTULO 19.**
AMIGOS DE PAPEL: OS FARÓIS DA MENTE

76 **CAPÍTULO 20.**
A VIOLÊNCIA E O ABANDONO SÃO A FRAGILIDADE, O PODER É SUA ESSÊNCIA, O AMOR É SUA EVOLUÇÃO

81 **CAPÍTULO 21.**
A VIDA, OS SONHOS, OS ENIGMAS E O PROTAGONISMO

83 **CAPÍTULO 22.**
QUANDO O CORPO DA MULHER FLORESCE, ELA SE TRANSFORMA EM UMA DEUSA POESIA

85 **CAPÍTULO 23.**
DO QUE DEPENDERÁS, TU AFAGARÁS

87 **CAPÍTULO 24.**
O BOTÃO DA ROSA E A ROSA INTERDITADOS PELA CONVICÇÃO DE EGOS TOTALITÁRIOS

90 **CAPÍTULO 25.**
DITADOR EXTERNO E DITADOR INTERNO

92 **CAPÍTULO 26.**
O DILEMA ANCESTRAL: ELE PODE, ELA NÃO, E A EPOPEIA DA TRANSFORMAÇÃO

94 **CAPÍTULO 27.**
CONSIDERAÇÕES FINAIS – O ENIGMA DA ESFINGE E O DEDO PODRE

100 **REFERÊNCIAS**

PREFÁCIO

O amor, quando digno de seu nome, luta e transmuta. De seu ímpeto selvagem – irrompido das entranhas como um diamante incandescente, relâmpago que rasga a vastidão da noite – aguarda a mão audaz que ousa ser sua anfitriã.

Diamante, sim, pois seu fulgor desafia o tempo e a sombra. Mas cintila apenas para aqueles que, armados de coragem, esculpem suas arestas – sem temor da lâmina que fere, pois, ao ferir, revela: revela-se, transmuta-se em sua metamorfose. Vertigem e êxtase, clímax. A vertigem é o mergulho que precede o voo, o salto rumo ao desconhecido para tocar as alturas.

O amor desfaz as couraças do eu, rendendo-se à vertigem do instante. Rompe as amarras do autômato que caminha sem verdadeiramente pisar a terra, que respira sem jamais sorver o hálito da vida. Despe-se diante do espelho da alma e, sem véus ou subterfúgios, contempla-se na nudez absoluta do ser.

DECIFRAR OS FIOS QUE URDEM E DESATAM

Os laços do amor – um enigma ao atar e desatar.
O ato de despir-se
Sem ver o entulho que o prende e o mata
Jamais há de alçar seu voo ao luar.
Tal qual o pensar que, ao invés de expandir,
Ergue masmorras, se fecha em seu ser...
E nelas definha, sem ar, sem porvir –
Que morra quem nelas ousar perecer!

Definir o *dedo podre* com chaves de fenda? Seria como afirmar ter tido um sonho à noite e ver o ego declarar loucura. Estaria mesmo? Não está. Na ressaca da cachaça doida, entre as ruínas do castelo desmoronado do amor, desvendar os segredos do coração que se autossabota não é um pedido; é uma exigência – uma epopeia de autossuperação.

A decomposição daquilo que lhe pertence, mas que o indivíduo se recusa a reconhecer, é a sombra que se nega a aceitar como sua. O dedo podre nada mais é do que o reflexo das escolhas que completam o outro em seus paradoxos e lixos emocionais, revelando um encontro inevitável, selado antes mesmo de ser compreendido.

Por que não mirar o abismo que se ergue de si para si mesmo? Encarar, sem véus, a sombra que habita em nós, desvendar a pilha de ilusões desfeitas que corrompem a alma – o desperdício do tempo, as possibilidades dispersas ao vento, o apodrecimento das emoções sufocadas? Pois que se abrace a grandeza do pensamento que transcende a multidão. Pois não basta apenas acordar pelo impulso biológico: é preciso despertar para a autodescoberta e, inevitavelmente, para a verdade de que forjamos nossa própria solidão pelo que sentimos e pensamos.

Quantos amores jazem intocados, trancados no cofre do medo? Assim selamos nossa própria ruína, tecendo com as próprias mãos a decadência. Recusamo-nos a decifrar o enigma que nos assombra – e que, ainda assim, nos cabe desvelar.

A existência finita é, em si, um labirinto. Impõe desafios implacáveis, exigindo urgência – que se amplie a inteligência, que se multipliquem os ângulos de visão. E, ainda assim, ninguém está incólume, a salvo de encarar a própria decomposição emocional.

No paradoxo de si mesmo esconde-se a passagem secreta que leva ao cerne do ser. No furor das tempestades, na súbita mudança de perspectiva, num único triz, desvela-se onde repousa a força do voo – essa chama indomável do sonho, essa dança eterna entre o coração e sua busca.

Cada passo é um ato de liberdade; cada gesto, um convite. Descobre-se que amar não é possuir, como no cárcere das convenções, mas revelar-se. Que o amor não promete destinos, pois ele próprio é o caminho.

Nesta obra, enriquecida por este prefácio que nos coube compor, somos conduzidos à decifração daquilo que recusamos. Eis, pois, o propósito deste ensaio. Como um farol que rasga a escuridão, ele nos convida à grande travessia: a jornada épica da autossuperação. A luz que buscamos não brilha além de nós, mas dentro, onde repousa o poder que ninguém nos pode tomar.

Escreveu o autor em outra obra: "A vida conjugal, quando troca a irracionalidade do sexo pela função que o encolhe, esvazia a atração que os uniu."[1] Que pensemos, então:

O amor é voo, mas exige a vertigem do mergulho. Aquele que não ousa precipitar-se no desconhecido jamais tocará as alturas.

CRISTINA MICHELS DE ALCÂNTARA – PSICÓLOGA CLÍNICA

---

1 ALCÂNTARA, Mamede de. *O último caldo da laranja: rupturas corpo e alma.* Curitiba: Kotter Editorial, 2024. p. 39.

INTRODUÇÃO

Eco imortal das gerações que nos precederam ressoa em nós, mas não como um cântico de liberdade – e sim como uma mordaça imposta ao grito que nos pertence. Esse silenciamento é o legado que nos cabe decifrar, um enigma tecido com fios de repressão e destino.

Desde a infância, erguem-se os alicerces da casa que somos. Cada fase da existência é um capítulo na arquitetura da alma: na pré-adolescência e na adolescência, a laje da identidade é assentada, e a sexualidade desponta como uma primavera incandescente, colorindo de vida galhos outrora secos. Mas a liberdade desse desabrochar nunca é plena. Tudo ecoa como uma locomotiva rugindo pelos trilhos da história, arrastando vagões repletos de segredos apodrecidos, de conflitos soterrados. E, tal como fungos que proliferam nos cantos esquecidos da carne, esses espectros da repressão se infiltram na psique, contaminando os sonhos, decompondo emoções.

O AMOR QUE FICA CARO

Na aurora da pré-adolescência, a filha, em pleno florescimento da expressão amorosa, torna-se vítima da inveja velada da mãe – um ressentimento travestido de proteção, um afeto que fere sob o disfarce do zelo. É a violência que se mascara de ternura, uma declaração amorosa tingida de hostilidade, sem que a própria mãe tenha consciência da dor que inflige.

Mas como ter consciência do que está, indizivelmente, no repositório do inconsciente?

O indizível roça a pele da alma como um sopro ancestral – tênue, etéreo, quase ausente – e, ainda assim, carregado de um sentido como o de um espectro internalizado. A filha escuta. Às vezes, sem palavra alguma, mas com a hostilidade de que é vítima e à qual se entrega, num gesto acrítico, vítima de inveja materna. Não ousa decifrá-la: em vez disso, se autossabota, pois nem foge, nem ergue armas. Apenas se dobra e cede.

Quando há interdição desnecessária do namoro da filha pela mãe, ainda vulnerável, a primeira não está imune à castração. O inconsciente age como águas represadas que escorrem a novo curso. Eis o paradoxo do enigma humano: se fôssemos totalmente conscientes, não seríamos inteiros. Tudo o que se armazena no repositório inconsciente da filha, apesar de imóvel e estagnado, mas não enterrado, remete ao reflexo turvo de tudo o que jamais ousou ser, se decompondo em silêncio.

Chocante? Talvez. Mas é uma certeza que corta o fundo: o amor, em sua forma mais pura e incondicional, é uma ilusão – até o de mãe carrega sombras.

Como ilustração, outra cena se desenha neste repositório: uma gestante adentra uma loja de berços e cruza o olhar com uma jovem vendedora de silhueta intacta. Num instante – um trovão silencioso dentro de si –, sem dizer uma única palavra, vira-se e parte. O que enxergou ali? O que despertou o eco de um passado não resolvido?

Nossas condutas não são ilhas isoladas, como ondas que jamais se tocam no vasto oceano. O ego se ilude com a crença em sua autonomia, mas essa convicção é uma miragem – e o moralismo, cego em sua rigidez, implode sobre si mesmo. Nietzsche, com sua contundência, afirmou: "Deus está morto". Contudo, tal fato é, antes de mais nada, um fato psicológico, não porque Nietzsche o disse, como o refere Edward Edinger.[2] Da mesma forma, ao afirmar "não pense na maçã", o pensamento encolhido está morto, pois é o desejo que se destaca. Eis o paradoxo: a proibição convida, a repressão incita e a negação grita.

---

2 EDINGER, Edward F. *O arquétipo cristão*. São Paulo: Cultrix, 1987. p. 121.

Não pense na maçã pela culpa que lhe é incutida; a culpa é a decomposição emocional, é o fungo que apodrece a alma. Também se configura como fungo a mãe que se autoimola diante da violência do marido. É a semente do fungo lançada sobre a filha. "Tal pai, tal marido"; "tal mãe, tal filha" – uma corrosão que se perpetua de geração em geração, destruindo o que poderia ser edificado.

Sem nos decifrar, vamos nos procurar entre os detritos, no lixo emocional. Desvendá-lo é reescrever a própria história a partir dos destroços.

Dos escombros do passado – onde a verdade ardeu, mas jamais se rendeu – renasce a essência indômita. Das cinzas, não o fim, mas o prelúdio; não a ruína, mas a semente. O brado sufocado das eras ressoa nos ossos do tempo, um lamento esculpido no mármore da história, ecoando entre as grades invisíveis do destino. Mas eis que a fênix se ergue, fulgurante, incandescente, varrendo com suas asas a poeira das ilusões. Não há mais grilhões. Não há mais sombras. Na alvorada de um novo ser, a mentira dos deuses se desfaz como névoa ao toque do sol.

CAPÍTULO 1.

NO POLEIRO, IMOLADO SORRINDO E O EFEITO DE *PRIMING* DE QUEM SABE ENCANTAR

Em vez do poleiro, o céu. Em vez de se despedaçar, a inteireza. Em vez do grilhão, a liberdade: A qual não se implora – toma-se.

Toma a si mesmo para as suas próprias respostas e provoca seu próprio efeito de *priming* –encantamento – quando descobre que o céu não tem dono e que há liberdade para abraçá-lo, cruzando as fronteiras do infinito, sem correntes ou grilhões, sem véus, sem concessões.

A águia que rasga os céus, a borboleta que dança entre flores, o pinguim que desafia o gelo, o pato que desliza nas águas, a galinha que guarda a terra – somos todos eles, se não nos desperdiçarmos. Pois aquele que se deixar forjar a um só existir trai a sua essência, o infinito que carrega em sua autenticidade. Rejeitemos, portanto, a mordaça da limitação. Que sejamos vastidão em expansão, peregrinos do próprio espírito, não acorrentados à confortável cela da ilusão – o riso forjado do servo que cala enquanto dentro de si arde a chama do que não ousa ser. Não sejamos o sapo, adormecido em águas mornas, que, dia após dia, deixa de sentir o calor crescente até que o fogo o reclame, sem luta, sem grito, sem glória. Que, em vez disso, sejamos voz e voo, sopro e chama.

A incondicionalidade negada – "só amo se fizeres o que eu quero" – um amor que se torna caro demais pela ilusão: vieste ao mundo para atender às minhas expectativas, e eu, para atender às tuas. Aprisionamo-nos na condicionalidade prostituída, não percebida, quando negociamos, barganhamos o que não é material.

A ativação de associações mentais, através de palavras, imagens ou sons, entrelaça-se livremente com as complexidades. Nossos corpos, em suas performances, intencionalmente se movimentam de modo que provoquem um efeito de *priming*, como o psicólogo e ganhador do Prêmio Nobel de Economia Daniel Kahneman afirma:

> *Na década de 1980, os psicólogos descobriram que a exposição a uma palavra causa mudanças imediatas e mensuráveis na facilidade com que muitas palavras relacionadas podem ser evocadas.*[3]

Palavras e imagens são forças primordiais. Porém, mais do que o poder emocional do aqui e agora, quando existe um repositório ainda mais amplo e oculto – o inconsciente – tudo muda.

Na pré-adolescência, vítima de aliciamento pelo padrasto ela se encontrava em seu quarto, onde havia provocação do efeito de *priming* ambíguo nos encontros forjados. Havia uma violação da liberdade, tendo em vista tratar-se de vulnerável.

O estalo da porta, o som do trinco se tornavam um prelúdio das etapas seguintes.

Décadas depois, adulta e mãe solteira, amante de seu chefe, quando ele se separa dela diante de suas ambiguidades sexuais, a perda a leva ao desespero. Mas, antes de perdê-lo, ela já havia perdido a si mesma. Foi quando procurou ajuda psicológica.

Na primeira sessão, ela hesitou, indagando o motivo de se trancar a porta. Dando mostras corporais, seu desconforto pulsava a cada batida do coração, como se revisitasse o ruído da fechadura que girava no passado – entendido racionalmente como natural, mas não pelo espectro de memórias guardadas. O que parecia um simples som ambiente era, na

---

3 KAHNEMAN, Daniel. *Rápido e devagar: duas maneiras de pensar*. Tradução de Cássio de Arantes Leite. Rio de Janeiro: Objetiva, 2011. p. 69.

verdade, um selo neuroassociativo, um vestígio de experiências em que desejo e temor eram nada mais que seus apegos ambivalentes construídos na sua jornada, ambientalmente, com impropriedades.

Agora é uma análise de si mesma. Na sala – um limiar para a libertação – travava-se em seu psiquismo um embate titânico entre o passado e o presente, no qual ela, desta vez, não era mais vulnerável.

Na vertigem do momento, na análise iniciada, ela compreendeu: a liberdade não se implora, não se herda. A liberdade se toma – seja para permanecer indômita ou para provocar o efeito de *priming* da liberdade, encantando como o som ritmado das botas que ecoam no chão, compassadas.

O brilho do batom reluz sob a luz, promessa de um segredo ainda por desvendar. Ali, na promessa de um vestido abotoado, mas que se pode desabotoar até o último botão, oculta-se uma mensagem sussurrada sem palavras, um feitiço tecido no silêncio. A maçã, antes verde, tornou-se rubra – agora, madura, pulsa o bem mais precioso: ser livre.

CAPÍTULO 2.

ESVAZIARAM O INCONDICIONAL E O AMOR QUE ME DERAM FOI CARO DEMAIS

Atingida a maturidade, a insistência em nos convencer sem que peçamos conselhos torna-se uma conduta irritante, pois se configura como um processo de colonização da mente. Contudo, não estamos isentos de tais influências, tendo em vista os próprios ciclos de construção, quando o pai e a mãe se erguem como juízes supremos no primeiro tribunal da existência dos filhos. Com olhares que sentenciam e gestos que moldam, instauram a primeira arena onde a vida se submete ao julgamento. A primeira sociedade é um palco de vereditos, no qual o direito à defesa é concedido ou negado conforme as sombras do poder. Eis o jogo ancestral, sutil e implacável no qual o amor pode ser luz ou grilhão. Poderia ser de outra forma? Talvez não.

Mas, quando deixam de ser guias e se tornam meros escultores da submissão, quando o amor se reduz à moeda fria da barganha, esvaziam-no da incondicionalidade. Então ergue-se a grande forja da decomposição emocional.

Esquadrinhar os escombros da própria história, separar os destroços daquilo que ainda pulsa em amor genuíno exige coragem. É um mergulho abissal no próprio ser antes de apontar o outro como arquiteto da própria infelicidade. Mas o dedo que acusa é, tantas vezes, o mesmo que apodrece sob o peso das próprias escolhas. Do alto da sentinela da moralidade, o mundo ensina a julgar antes de reconhecer-se no espelho da verdade. Aponta-se a falha alheia com a convicção de um magistrado enquanto as próprias deformidades jazem ocultas sob a máscara da conveniência.

E assim se erguem lamaçais da decomposição emocional. Filhos moldam-se para agradar, muitas vezes perdem a si mesmos antes mesmo de haver feito o seu primeiro voo. Seu potencial de borboleta, de águia, de pinguim é interditado e conduzindo ao grilhão da galinha. Perdem a si mesmos, pelos pedaços deixados para trás, para caber no pedestal da aprovação alheia, vendem sua essência como mercadores da própria alma. Apodrecem sua autenticidade no altar da aceitação. Na aurora do desejo, quando a primavera da adolescência floresce, a filha que se castra prostitui-se não pelo prazer, mas pela ânsia de ser amada. E há aquela que, sedenta pelo amor do pai, entrega-se a outro homem, buscando nas sombras o eco do afeto paterno.

No teatro do casamento, a barganha ressurge: "Se não me deres o que exijo – atenção na medida exata, afeto sob minha régua – não terás de mim o que tanto anseias". Assim, trava-se a batalha: o amor torna-se moeda, e a escassez, uma arma. É a prostituição emocional, na qual o afeto é vendido em um mercado de carências.

E gerações seguem acorrentadas em seus grilhões, dos quais nem o amor está fora, até que alguém se atreva a quebrá-los, escolha amar sem preço, sem dívida, sem escambo – e, então, enfim, seja livre.

CAPÍTULO 3.

O CASAMENTO: UMA EPOPEIA DE RUÍNA E REDENÇÃO

No bonde andando, quem avalia de onde ele partiu e como ele foi construído, se não há essa necessidade? Desde quando os primeiros seres desbravaram a vastidão do mundo intocado, os laços entre homens e mulheres eram fluidos como os rios que talhavam os vales, dançando ao sabor do desejo e da procriação, livres como estrelas no céu. Não havia colonização. Contudo, a aurora clamava por ela. No portal da regulamentação, quem manda e quem obedece? No casal, surgia a Era do Dedo Podre.

Está certa a obediência da mulher ao homem? Sob o veludo do convencimento do ideal dos juramentos repousava o ferro do paradoxo: o que principia como um jardim em flor logo se retorce em espinhos que sangram a alma. A colonização de seres humanos é inferior à educação de acordo com a vastidão do pensamento.

Hoje, a aliança é desmascarada como uma ilusão tecida pelos sábios cegos – colonizadores.

A marcha conjugal forçada dissolveu-se na monotonia do adestramento do rebanho humano como se adestram as demais espécies animais. Pois, antes que o tempo marque sua primeira década, atinge mais da metade daqueles que põem a aliança no dedo, que a retiram ao perceber que o território da mente pertence àqueles que ousam desbravá-lo. Deixam de ser seres colonizados.

Sem um olhar da multiplicidade de ângulos picassianos, fica, contudo, pela influência da colonização recebida, agora habitante no repositório do inconsciente, o peso de Sísifo sobre as costas, condenado ao fracasso pela desobediência aos deuses.

Tira-nos da metáfora de árvores cujos galhos e folhas, ao findarem seus ciclos, nutrem novas vidas. Para nós, a renovação ainda é vista como decadência. O casal, já no fim de seu ciclo, quando o sexo é silêncio, o respeito é poeira e o amor é pó – decomposição total –, fica ainda pior se persiste na comédia e na tragédia do teatro grego, fingindo ser o que não é. Mas, se ainda respira, clama por cura. Pois onde jaz a ruína também repousa uma epopeia da renovação. Que o ser desperte e, enfim, se liberte antes que sua própria sombra o devore.

CAPÍTULO 4.

AS FERIDAS DO AMOR E O ENIGMA DA CURA

Nas feridas do corpo repousa a promessa da cicatrização; na alma, o que repousa é o enigma – entregue para ser desvendado.

A alma, em sua jornada iniciada, não se fere pela acolhida. Ainda formando raízes, entrelaça-se nos fios delicados do apego – no olhar que acolhe, no choro que ecoa, no sorriso que responde, no toque que conforta. Mas onde imperam angústias maternas, onde as tensões silenciosas se impõem e onde a violência das palavras e dos gestos se espalha como veneno, não há repouso para a cicatrização.

Não nos lembramos do tempo em que a alma ainda se enraizava, mas, ao desvendá-la, cada descoberta rasga um véu, revelando os ecos da nossa história de construção. Cada ser que nasce é moldado pelo toque parental e, se sofremos trincas, nossa pele emocional se torna áspera e sensível. Descascar-se dessa pele é uma epopeia de resiliência. Em vez de vítima, assumir o protagonismo da cura – como um poema de superação – é entregar-se ao amor que seca o fungo, renascendo em nova mentalidade.

Nessa metáfora, quando a pele se relava, do verbo *relar*, e resulta em tragédia – como no casal em que um tira a vida do outro, e isso acontece – ali se erige um altar à morte. Semente de uma sociedade acrítica à violência. A epopeia da superação é silenciada e o algoz se fortalece. Um enigma existencial nos é lançado quando a voz de um se impõe e o outro se cala de acordo com o gênero. São milhões de seres autômatos, em sua visão ordinária, sob a ordem, com logística mundial, que difundem o crime da submissão.

Contemplam a violência, decompondo o amor e a empatia, alimentando monstros. Quando nos descascamos dessa pele – a da colonização que recorre ao convencimento, à regulação e, ao ser desobedecida, recorre à violência –, esse é o fungo que se espalha nos dedos e unhas da alma. O amor não celebra a violência nem planta suas sementes. Quem fere não ama. Quem mata não dispõe do farol emocional: é mente obscurecida de respostas.

Sem manuais nem farmácias, nossas feridas emocionais são epopeias intransferíveis de cura. Cada passo, um rito; cada descoberta, um véu rasgado que revela os ecos das nossas próprias repetições. O herói do amor deve despir-se do manto de vítima, no seu poleiro, em sua alma covarde, achando que qualifica problemas com o paradoxo de criá-los, e enfrentá-los com mãos nuas, com o encanto da rosa, sem contemplar o seu espinho. Transforma suas feridas ocultas no próprio poema da superação. Pois a cura não é imposta nem se pede. A cura se conquista.

Quando uma ruptura se dá, nem adeus se pronuncia, pois se teme tocar a ferida. Essa é a covardia da alma que se apequena; no amor jamais será águia, nem pinguim, muito menos borboleta, mas galinha: quando voa, seu voo dura pouco. Aprendeu a desqualificar problemas; em vez de enfrentá-los, sai pela tangente.

CAPÍTULO 5.

DESQUALIFICAÇÃO DE PROBLEMAS COM SAÍDA PELA TANGENTE

"No altar da conformidade, entrega-se sem perceber que abdica de si. Corta as próprias asas antes mesmo do primeiro voo".

Um labirinto de redes insondáveis entrelaça-se em caminhos tortuosos, onde a mente, moldada, se adapta, a alma se perde sem perceber, renunciando a si mesma. Veja a pré-adolescente, ainda incapaz de compreender a própria vida, que se ajusta, se encurva para caber na moldagem da mãe. Incapaz de nomear seus próprios conflitos, abdica do primeiro sopro amoroso a fim de evitar tensões – e, ironicamente, no altar da conformidade, entrega-se à covardia sem perceber que está abrindo mão de si mesma. Defende seu espaço como se fosse uma escolha, sem perceber que a segurança do poleiro lhe cobra um preço: corta as próprias asas antes mesmo de o primeiro voo se dar. No amor, será sempre o voo de galinha. Sabe usar os pés, seguros no chão – isso não é amor, pois o amor sabe usar suas asas.

A liberdade, antes pulsante, reduz-se a uma mera lembrança. Sem perceber a quietude que a envolve, imagina que a vastidão dos céus pertence apenas à águia.

Mas eis o paradoxo: no casamento, na amizade, na vida, o vazio não se preenche de fora para dentro. A insatisfação alastra-se quando se buscam culpados além do próprio reflexo. Assim perpetua-se o ciclo da transferência – a eterna busca por explicações externas para um incômodo interno.

O olhar evita voltar-se para dentro, pois ali, no âmago, reside a verdade – aquela que exige a habilidade de um pinguim.

A ÁGUIA, A GALINHA, O PINGUIM E O PATO: ENIGMAS DE ARQUÉTIPOS DA EXISTÊNCIA

A relação entre a águia, a galinha, o pinguim e o pato transcende a simples diversidade da fauna alada. Essas aves personificam arquétipos da jornada humana, representando distintas posturas diante da vida: a liberdade suprema, a adaptação estratégica, a autolimitação e a banalidade versátil. São símbolos de escolhas, destinos e caminhos que se entrelaçam ora no céu, ora na terra.

A ÁGUIA - O ESPÍRITO LIVRE E VISIONÁRIO

A águia ergue-se como a encarnação da grandeza. Seu olhar fende o horizonte e seu voo rasga os céus com imponente majestade. Ela é a representação dos que não se curvam ao ordinário, dos que desafiam as amarras da banalidade tangencial, como os pés da galinha sobre o chão seguro. Possui a habilidade de encarar os ventos furiosos sem temor. Seu espírito indômito se recusa a rastejar, pois sabe que seu destino é reinar nos céus.

A GALINHA - A PRISÃO DA ZONA DE CONFORTO

A galinha possui asas, mas prefere caminhar com os pés, imersa na previsibilidade. Sua existência é marcada pela repetição da rotina. Ela simboliza aqueles que temem o desconhecido, que se refugiam no conformismo, aprisionados na segurança de seus limites autoimpostos.

O PINGUIM – A ADAPTAÇÃO ESTRATÉGICA

O pinguim não voa, mas, com suas asas, domina os mares com uma maestria incomparável. Não sente inveja da perspectiva da águia, que a vastidão das águas desconhece, pois possui a sua própria.

O PATO – A VERSATILIDADE DA EFICÁCIA

O pato caminha, nada e voa. Explora o que lhe satisfaz, transitando por múltiplas esferas sem se comprometer com uma única. Ele simboliza aqueles que percorrem diferentes caminhos, movidos apenas pelo que lhes interessa. É o arquétipo da eficácia.

- A águia voa porque ousa.
- A galinha permanece no chão porque se resigna.
- O pinguim não voa, mas reina onde lhe convém.
- O pato percorre todos os caminhos, eficaz, mas não eficiente.

Nós, contudo, em nossa epopeia de autodescoberta, somos a águia, somos a galinha, somos o pinguim, somos o pato. Livres da moldagem que nos impuseram, desfeitos emocionalmente, escolhemos, finalmente, onde desejamos estar.

CAPÍTULO 6.

O INATO E O TROFÉU: O VOO DA ÁGUIA EM SEU RESGATE

Entre o que nos nasce e o que conquistamos, erguem-se muralhas. Nenhuma glória é concedida, nenhum laurel é ofertado aos imóveis. Os troféus pertencem àqueles que transcendem, aos que ousam ir além dos limites impostos, rasgando os céus sem dono em voos conscientes.

Que seja altivo o voo, indômito e inevitável, como o da águia que desafia os ventos, senhora de sua ascensão. Mas, para alçar-se ao infinito, há que romper ameaças: "Não se atreva a voar", dizem os que temem a grandeza. "Não se atreva a impedir", responde a alma que sabe de sua própria altura.

Que sejamos asas – livres, inteiras, autênticas, nossas.

O ROUBO DO VOO

A águia criada para nunca voar, imolada à submissão, mas confinada em uma jaula dourada, desconhece a si mesma. Nunca provou o gosto da própria essência; nunca se embriagou na vastidão do céu. Sua vida lhe foi roubada antes mesmo de compreendê-la. Não sente falta do que jamais provou, contudo, o mundo, vasto e indomável, sussurra-lhe promessas. O céu a chama para o romance do infinito. E o voo se torna seu troféu mais precioso.

No despertar natural da adolescência, os sonhos incendeiam a alma e o desejo de voar se torna incontrolável. Mas e se as asas forem cortadas antes do primeiro salto? E se tentarem extinguir a chama antes que ilumine o horizonte? Ainda assim, o vento soprará uma nova oportunidade. Mesmo que as chances sejam clandestinas, melhor abraçar a tempestade do que suportar a prisão de uma vida sem realização.

A história se repete. Maria, mãe do Cristo, teria sido fecundada por um soldado chamado Pantera? A atriz ousa beijar em cena quem não é seu marido e desafia os tabus. O mundo aplaude, pois ela rompe barreiras. O problema nunca foi o cálice, mas o olhar de quem o contempla. Como o olhar de Nietzsche ao proclamar: "Deus está morto" – e, com ele, morrem as velhas prisões.

A costela de Adão não é mais uma algema – quem detém o poder de gerar a vida é a mulher.

Deus está morto. E, com sua queda, ruem os grilhões do medo e da submissão.

Estamos livres.

Voemos.

CAPÍTULO 7.

CINDERELA PROVOCA EFEITO DE *PRIMING*, DE UM LADO, E O PRÍNCIPE TIO PATINHAS, DE OUTRO

Cinderela, a musa da resiliência e da metamorfose, traz consigo o anseio de ser vista, amada e reconhecida. O arquétipo do Tio Patinhas, ecoado pelo mérito e a autossuficiência, guarda sua solidão entre moedas de ouro e memórias de trabalho árduo. Unidos por um encontro marcado, eles embarcam em uma jornada na qual gentileza e dureza, sonho e cálculo se chocam e se complementam.

O sapato de cristal torna-se mais que um símbolo de romance: é o convite para um aprendizado mútuo, no qual fragilidades e forças dançam uma coreografia inesperada. À medida que exploram suas vulnerabilidades e paixões, os personagens reimaginam o que significa o amor e o pertencimento no mundo contemporâneo.

Em muitos casos, o **príncipe** é retratado como alguém que busca "a parceira perfeita". Ele simboliza o ideal inalcançável, alguém que oferece salvação, amor e segurança. Mas, no fundo, o príncipe também está em busca de algo que vá além de sua posição de privilégio: uma conexão autêntica, mesmo que ele não o reconheça claramente.

Esses dois arquétipos se encontram em uma trajetória na qual ambos se complementam. Cinderela busca uma saída para seu sofrimento; o príncipe procura preenchimento e significado. Essa dinâmica cria uma narrativa de mutualidade, ainda que fundamentada em carências e expectativas idealizadas. São motivações que os colocam na mesma trajetória, ambas permeadas pela necessidade de pertencimento e validação: Cinderela anseia ser vista e amada por quem realmente é, superando a invisibilidade e a rejeição que sofreu. O príncipe, por outro lado, precisa de alguém que transcenda os relacionamentos superficiais característicos de sua posição.

Ambos buscam transformação: Cinderela personifica o arquétipo da metamorfose. O baile simboliza a possibilidade de mudar seu destino e superar suas circunstâncias. Para o príncipe, a narrativa é sobre encontrar algo que desperte emoção e rompa com a monotonia de sua vida privilegiada. Há, em ambos, uma idealização romântica: Cinderela enxerga no príncipe uma saída para sua miséria; o príncipe vê nela um mistério e uma pureza que faltam em seu mundo.

Quando um mercador Tio Patinhas se forja como príncipe, muda o mito.

Ouçam, ó mortais, o canto dos séculos!

Quando o Avarento se tornar Soberano,

quando o guardião do ouro deixar de contar moedas

e passar a forjar destinos, o Mercador tornar-se-á Monarca,

e o mundo, outrora regido por coroas, curvar-se-á ao trono de cifrões.

Pois, no dia em que o Tio das Fortunas vestir o manto do Príncipe,

o arquétipo do ganancioso será reescrito –

e dos cofres nascerá o mito.

O príncipe é o começo, a rosa que se oferta a Cinderela. Nesse romance há um convite para decifrar mistérios do coração: Cinderela e o príncipe são um complemento. Porém, há paradoxo – do azar –, se o Tio Patinhas entra na dinâmica. O tom da narrativa muda de figura, passa a ser tratado como um azar pelo dedo podre. Mas não é isso – é um encontro marcado. Ele personifica a ganância, o esforço obstinado e a autossuficiência. Ao lado dele, Cinderela poderia simbolizar um contraste ainda mais profundo:

- **Para Tio Patinhas**: Cinderela poderia inspirar o desejo por algo além da riqueza material, despertando nele o interesse pelo lado emocional e relacional da vida.
- **Para Cinderela**: Tio Patinhas poderia ensinar o valor do esforço e da construção de uma nova realidade, mesmo que sem o brilho idealista do conto de fadas.
- Essa união cria um jogo intrigante: Cinderela seria a voz aveludada da empatia; Tio Patinhas, a voz de prata que instrui de acordo com a pragmática experiência. Essa sobreposição mostra como histórias, arquétipos e emoções se entrelaçam para criar narrativas. Personagens espelham nossas buscas e vulnerabilidades humanas. Tio Patinhas, nesse contexto, adiciona uma camada de complexidade e amadurecimento à história.

A CINDERELA: UMA HISTÓRIA MILENAR

Cinderela é uma das narrativas mais antigas da tradição oral e escrita, com raízes que remontam a mais de dois mil anos. Na Antiguidade Clássica, conta-se que uma escrava grega teve sua sandália levada por uma águia, que a depositou no colo de um faraó egípcio. Fascinado pela beleza da sandália, o faraó procurou sua dona e, ao encontrá-la, casou-se com ela.

Por volta de 860 d.C., surgiu uma versão chinesa que narra a história de uma jovem órfã bondosa que, com a ajuda mágica de um peixe encantado, escapa da crueldade de sua madrasta e encontra seu príncipe. Mais tarde, outras versões foram criadas, sendo uma das mais influentes a publicada por Charles Perrault em 1697, na França: *Cinderela ou O sapatinho de vidro*. Foi nessa versão que apareceram os icônicos elementos da abóbora transformada em carruagem, o sapatinho de vidro e o baile.

Na modernidade, essa versão tornou-se a mais conhecida globalmente, em grande parte devido às adaptações culturais, especialmente a famosa animação da Disney (1950), que solidificou a imagem de Cinderela no imaginário popular.

Cinderela, de beleza estonteante, numa era em que a imagem alcançou o ápice do valor social, na intricada parentalidade de não superar a figura paterna nem a materna, investe em alguém que está atrás dela – não a fará princesa.

Fazer-se parecer o pato mais rico do mundo... Eis que ecoa, em passos dourados, um Tio Patinhas que se forja príncipe – não por nobreza, mas por astúcia – na tentativa de conquistar o coração de uma Cinderela. Mas logo a rosa, em sua formosura, murcha, seu perfume não mais exala. Não mais encanta. A rosa se desvela, talvez, como um estratagema funesto? Presente de grego, cavalo de Troia vestido de gala.

Identificado como um "Tio Patinhas", o clássico personagem criado por Carl Barks em 1947, Scrooge McDuck em inglês. Conhecido como o pato mais rico do mundo, Tio Patinhas personifica um comportamento avarento, mas também determinação, trabalho árduo e espírito aventureiro. Com sua cartola, bengala e um cofre gigantesco repleto de moedas de ouro, ele simboliza o sucesso construído com esforço e astúcia. Apesar de sua fama de pão-duro, demonstra generosidade em diversas histórias, especialmente com seus sobrinhos – Donald, Huguinho, Zezinho e Luizinho.

Metáfora do encontro marcado, da sua intrincada história, para as filhas os pais são príncipes, apaixonam-se pelo pai projetado em outra pessoa: "Cinderelas" desenvolvem estratagemas para atrair "príncipes" que investem emocionalmente nelas.

No entanto, com a revolução da igualdade de gênero, a figura de Cinderela enfrenta críticas contundentes:

> Realmente é repulsiva a maneira como Cinderela tem sido apresentada a milhões de meninas como louvável por não falar nada, muito menos se rebelar contra a injustiça: por chorar em silêncio e trabalhar do alvorecer ao anoitecer [...].[4]

---

4 EISLER, R. *O Prazer Sagrado*. Rio de Janeiro: Roco, 1995. p. 348.

Entretanto, essa é só mais uma moldagem repetida da obediência da mulher ao homem. Nunca existiu uma versão masculina de Cinderela.

TEORIA DA EVOLUÇÃO SEXUAL

Antes das palavras e dos juízos, na dança bruta de carne e gestos, o primitivo trocava instintos por vínculos, tecendo a trama do que chamaríamos amor. Era o princípio, era o caos – e, do caos, veio a ordem frágil do humano.

O caçador primitivo, sem recursos para conservar a carne de grandes animais, fazia do compartilhamento um costume, oferecendo-a às mulheres que cuidavam dos filhos. Esse gesto, carregado de *priming*, ancorava encontros espontâneos e fortalecia laços. Na luta pela sobrevivência, a troca de afeto e benefícios consolidava a coesão social e o apoio mútuo.

Estudos antropológicos e sociológicos revelam que a interdependência entre recursos materiais, vínculos emocionais e interações sexuais foi crucial para a formação das sociedades. Entre os caçadores-coletores, a colaboração era essencial, e recompensas sexuais ou emocionais serviam como estratégias para reforçar alianças.

A essência dessas trocas permanece, mas, agora, revestida por valores culturais contemporâneos. A virgindade e a pureza feminina, outrora símbolos de controle social, desmoronaram, dando lugar a novas dinâmicas de poder e desejo.

No lugar do príncipe encantado, surge o Tio Patinhas – arquétipo da autossuficiência, mas movido pela ganância. Em contraste, Cinderela personifica o romantismo, mais identificada com a suavidade de uma rosa do que com a rudeza das lonas que cobrem os fardos da sobrevivência. No entanto, o repositório do arquétipo no inconsciente obsta que Cinderela se torne princesa por si mesma.

Tio Patinhas, aprisionado na avareza, reduz sua jornada à solidão, incapaz de semear na sua carne a perspectiva da rosa. Mas o encontro entre os dois é inevitável, selado pela decomposição emocional de ambos: ele, um predador pragmático; ela, uma presa que se autoimola, buscando migalhas de um amor paterno. Amor prostituído é decomposição.

Cinderela, o príncipe e Tio Patinhas são espelhos de nossas aspirações, carências e contradições. Ao cruzarmos suas histórias, desafiamos a polaridade dos encontros neuróticos –nos quais a rosa é ferida pelo espinho.

A rosa que não se aprecia procura no outro apenas um reflexo de sua própria insuficiência, enquanto o espinho não passa de sua própria dureza. Ambos, com o pensamento encolhido, carecem da inteligência e da coragem para uma epopeia de autossuperação. Assim, permanecem como tantos outros no rebanho, sorrindo para o mundo enquanto fingem uma felicidade que não possuem – comédia e tragédia gregas de um fingimento coletivo.

Essas metáforas nos convidam a refletir sobre nossos próprios desejos de transformação e pertencimento enquanto navegamos entre as expectativas pessoais e sociais que tantas vezes se chocam.

Somos seres forjados em labirintos de mistério, feitos de camadas intricadas, como um enigma que nos é dado ao nascer – não para ser apenas decifrado, mas para ser recriado. Somos obra inacabada, na qual cada emoção, em perpétuo declínio e renascimento, tece a trama do que chamamos destino.

Eis o paradoxo do dedo podre: não um capricho do azar, mas o medo de mergulhar em si. Apontar os próprios escombros exige coragem, pois revela um espírito encolhido – pensamento mirrado, amor atrofiado, prisioneiro de sua própria neurose. A pobreza emocional parental – a que se tinha – é o que se oferece como legado. Agora, o vazio clama pelo outro, exigindo que lhe preencha o que é fardo seu – a árdua jornada de se completar.

Assim a dança entre a rosa e o espinho prossegue, eterna e trágica, até que o baile, enfim, se encerre.

CAPÍTULO 8.

A DANÇA DA ROSA E DO ESPINHO

No centro da cena, ergue-se o feminino,
nudez insubmissa, bandeira de carne e coragem.
Púbis em brasa, tingidos de escarlate,
bocas seladas pelo sangue de um grito contido.
Não indecência, mas insurgência.

Disse o Criador às suas criaturas: "Quando o Falo fala, cala-se a vagina". Pódios erguidos sem glória – o da violência contra a mulher, altar de ilusões e sombras. Contudo, imolação aceita, sem temor, em nome da epopeia da autossuperação. A rosa, em sua beleza fulgurante, transformando-se em indômita – aquela que não se curva, que desafia a tormenta com coragem e determinação, espírito livre e natureza selvagem, vontade de ferro e alma incansável.

Insubordinada ao Criador? Não, jamais! Mas ao espinho, que fere e castiga a nudez da inocência. No centro do palco, ergue-se o feminino em sua nudez indômita – corpos como estandartes que tremulam ao vento da revolução, púbis tingidos de escarlate, bocas seladas pelo mesmo sangue de um grito mudo. Não indecência, mas insurgência. Pois a verdadeira obscenidade reside na apatia, na omissão, na conivência silenciosa que permite ao espinho, em lugar de guardião, tornar-se o verdugo da própria rosa.

Até o mais ínfimo sistema nervoso unicelular recua diante do incômodo, mas que bilhões de neurônios inflamem a consciência e transformem o incômodo em tempestade. Que o silêncio não seja tumba, mas trombeta, clamando por revolução do amor. Que a dança entre a ferida e a flor reescreva a história – e que Lilith, altiva, jamais se prostre, jamais se submeta.

O amor não é submissão, nem promessa vazia. O amor é encontro.

CAPÍTULO 9.

REPARENTALIZAÇÃO: A TROCA DO INFERNO PELO CÉU

Arrebatado do manicômio, ergui-me entre nuvens e espantos.
O jugo da infância malfadada ficou para trás, e
a tirania do passado dissolveu-se no éter.
Se um dia fui prisioneiro do Inferno, agora
respiro a promessa do Céu.

A criança, incapaz de arquitetar para si um Céu, nasce no Inferno e torna-se uma vítima sem forças para a autossuperação. A predisposição a transtornos incapacitantes, como a esquizofrenia, agrava-se quando a prisão imposta pelo ambiente – a família – a mantém cativa. Muitas vezes, essa mesma família necessita do incapacitado para validar sua própria bondade.

Jacqui Lee Schiff (1934-2017) foi a inspiração e a grande protagonista dessa abordagem inovadora: a reparentalização. Com brilhantismo, embora não sem controvérsias, ela a colocou em prática. Em 1988, tive a honra de integrar sua equipe em São Paulo. Schiff, ao investigar a fixação infantil presente em pacientes com distúrbios graves, como a esquizofrenia, ousou ultrapassar os limites da psiquiatria tradicional. Seus pacientes, muitos em regime residencial – entre eles, seis dos meus atendidos em regime ambulatorial –, carregavam marcas profundas de apego a estágios primitivos do desenvolvimento emocional.

Se o Inferno há de ser trocado pelo Céu, a infância educada de forma inadequada é um campo de batalha sem saída. A reparentalização surge como redenção: é o renascimento, a reconstrução do ser. O processo inicia-se do princípio, recorrendo a estratégias regressivas, como o uso da mamadeira, para restabelecer os alicerces emocionais. Eis a ciência do comportamento que possibilita a transformação. Tal qual um transplante de órgãos, reparentalizar é substituir a mentalidade aprisionada por uma nova pátria; é trocar o ambiente que incapacita por aquele que emancipa. É, enfim, uma alforria do Inferno para o Céu.

Este capítulo não é um simples prenúncio, nem um aceno fugaz ao método que resgata os que se encontram cativos de suas próprias incapacidades. Não. Ele é um limiar sagrado, um rito de passagem para o que se seguirá. Afinal, amar, todos amam – mas em que estado se encontra esse amor? Há amores que elevam e há aqueles que, corroídos, arrastam para o abismo. Assim como há consciências que se alargam até abarcar o infinito do pensamento e outras que, atrofiadas, se enclausuram no escuro de si mesmas. Existe um amor que honra seu próprio nome, forte como a vida, regenerador como a cura. E há aquele que, ao chamar-se amor, desonra sua própria essência, pois já se deixou consumir pelo mofo da ilusão e da estagnação.

CAPÍTULO 10.

CASAIS QUE CARECEM DE SUAS ALFORRIAS PARA SEREM SUA PRÓPRIA RESPOSTA

O pai representa a imagem do futuro marido da filha quando ela ainda não conquistou sua alforria emocional. Aquelas afetadas estruturalmente pelo complexo de Édipo não resolvido tendem a se autoimolar nessa veneração – e a situação se agrava se ele for um canalha, pois sua imagem distorcida compromete a capacidade dela de amar, levando-a à autodestruição. Contudo, essa dinâmica não se restringe à esposa; o sexo oposto também não está isento. A substituição de padrões limitantes por aqueles que fortalecem configura uma reparentalização simbólica do amor e da consciência.

Nossas emoções são tijolos, e nós, construções do ambiente. Mas os tijolos da decomposição têm um encontro marcado, manifestando-se sob a lógica do dedo podre. Quando a traição se revela, a esposa, já inconscientemente imolada aos desejos paternos, revive o desamparo primordial – aquele que deveria cuidar abandona. E, no corpo adulto, desperta a criança esquecida.

Reparentalizar-se no amor significa transcender os apegos inseguros e ancorar-se no que é seguro – não mais no eco das vozes dos antigos algozes, mas em um canto renovado. Cada toque molda uma alma renascida; cada beijo ressoa como um eco eterno das eras; cada enlace se torna uma odisseia rumo ao inefável. Mas essa transformação exige um golpe final: romper com o efeito dominó, no qual feridas perpetuam feridas, como um fungo que se espalha de alma em alma, apodrecendo tudo ao redor.

Desde a infância e a pré-adolescência, em cada grupo de quatro, uma se autoimola para satisfazer instintos alheios – e não ignora os paternos. Os triângulos amorosos não são aberrações sociais, mas espelhos da complexidade humana, fios entrelaçados que tecem nossa existência. No entanto, quando marcados por feridas profundas, tendem a multiplicar a dor que os originou.

Por que não inaugurar uma nova vida? Trocar a moldagem imposta pelo lixo emocional herdado por um novo alicerce – aquele construído pelo seu mais legítimo parente: você mesmo. Reparentalizar-se é assumir esse papel. A irresponsabilidade de outrora cede lugar à cumplicidade, e o véu da memória se rasga para dar espaço a narrativas inéditas.

Em vez de permanecer vítima, torne-se agente da própria transformação. Desvendar a origem da ferida é o primeiro passo para interromper o efeito dominó e dar-lhe um fim. Esse é o golpe fatal. E se nada mais for possível, que ao menos um liberte o outro.

Se há sentido em seguir adiante, que das imolações sofridas e dos ancestrais, desse solo árido, façam-se brotar rosas – e que seus espinhos se curvem em reverência ao novo tempo. Acostumados a buscar o alívio efêmero de um "sossega-leão" na farmácia, por que não transformar a terapia de casal em um santuário, no qual enfim se aprende a ser sua própria redenção?

CAPÍTULO 11.

A ILUSÃO DA ALIANÇA NO DEDO QUE PROTEGERIA O AMOR

"A aliança no dedo é como a verdade dos sábios cegos: um fragmento tomado pelo todo, uma promessa que não garante, um ouro que não sacia"

A aliança, no dedo, é ouro cumulado que ajudaria a saciar a fome no mundo. No dedo é ilusão, como a lenda dos sete sábios sobre a verdade.

> Os sete sábios tinham algo em comum: eram cegos e davam conselhos a quem os procurava. E havia, entre eles, uma competição acirrada: um tentava se sobressair mais do que o outro. [...] Certo dia, após um debate estressante sobre a verdade, a começar pela ilusão de que, ao serem cegos, no mecanismo de compensação, eram forçados a ouvir mais, expõe o sétimo sábio.[5]

A evocação desta lenda foi inspirada pela miragem à aliança – símbolo de um vínculo, de um romance. De uma rosa, porém, não imune à possibilidade de murchar. A troca de alianças ressoa a ilusão de eternidade, a mentira vendida no altar.

Na lenda, o sétimo sábio, já exausto da companhia de seus pares – cuja hóspede permanente era a ilusão travestida de verdade –, decide se afastar. Cansado de debates acalorados e vãos, retira-se às montanhas, onde, entre rochas e cavernas, o singelo gesto de acender uma vela talvez pudesse operar uma silenciosa revolução.

---

5 ALCÂNTARA, Mamede de. *Outra forma de amor*: "Cachorro gato", membros da família multiespécie. São Paulo, Editora Labrador, 2023. p. 15.

Seu retorno, dias depois, coincidiu com a chegada à cidade de um misterioso comerciante, montado sobre um majestoso elefante africano – criatura rara e deslumbrante, jamais avistada por aqueles habitantes.

Tomados pelo encanto do inusitado, os moradores, guiados pelo efeito de *priming*, foram irresistivelmente atraídos à cena. Os sábios cegos, impossibilitados de ver, lançaram mão do tato para compreender o animal. Cada um descreveu apenas a parte que lhe fora acessível – fosse a tromba, a perna, a cauda ou os flancos – e, com firmeza, proclamava: "Isto é o elefante!".

Formou-se, assim, um palco de delírio, onde cada qual se achava detentor da verdade absoluta. E, de repente, como um trovão rasgando o silêncio da planície, ressoou a voz do sétimo sábio, recém-descido da montanha:

> É assim que se comportam diante da verdade: pegam apenas uma parte e acham que é o todo. [6]

O sábio era guiado por um menino, que em sua simplicidade era como uma vela acesa em meio à vastidão da noite. Seu guia traçou no chão a silhueta completa de um elefante: quem nada exige, tudo vê. Na terra, com linhas firmes e tocáveis, revelou-se o todo – aquilo que os demais sábios, tateando no escuro, jamais haviam compreendido. Assim o sétimo sábio, cego, percorreu com as mãos cada traço desenhado: a tromba, as presas, as patas, o ventre. Ao tocar parte por parte, uniu em sua mente os fragmentos dispersos. Pela primeira vez, vislumbrou a totalidade.

Mitos e lendas, mais que histórias, são arquétipos antigos, repositórios do inconsciente coletivo que nos habita e nos revela. Cada ser carrega dentro de si um legado invisível e profundo herdado das vozes que vieram antes de nós, conduzindo-nos por trilhas que nem sempre compreendemos. Assim como o ferro em brasa, arrancado do fogo em

---

6 ALCÂNTARA, Mamede de. *Outra forma de amor*: "Cachorro gato", membros da família multiespécie. São Paulo, Editora Labrador, 2023. p. 16.

sua fúria ardente, marcava rebanhos com o selo de posse, a aliança, símbolo de amor e pertencimento, marca nossos dedos. Mas o que era para ser chamada de união virou brasa ilusória – e queima.

Selamos no dedo uma jura sem fim,
mas não sabíamos:
algumas promessas florescem já mortas.

Beijei teu nome no ouro
como quem sela um destino –
mas ele, trancado, dormia
no repositório do inconsciente.

Ela insiste:
"Se esse anel sair do dedo, não mais voltará."

Declara-se ao pai violento:
"Trate-me com violência,
mas não me deixe."

Eis, então,
a teoria do dedo podre.

A rosa irá murchar,
restará apenas o espinho.

A aliança no dedo é promessa de que protege a união, mas não garante.

CAPÍTULO 12.

A FASE DA LAJE NO SER FAZ FLORESCER UM VISLUMBRE EXTRAORDINÁRIO

Os desafios e encantos da adolescência não são mais tijolos da infância, desvelam-se como sua fase de laje. Se revelada com trincas, fragilizada pela imolação parental ou pela implacável pressão social, essas fissuras se perpetuarão por toda a existência. Assim ergue uma ferida para que outra se forme, como fungo se alastrando nas unhas e dedos.

No bonde, sem interesse em saber de onde ele partiu nem em estudar a causa da imensidão de namoros e casamentos que desmoronam pelas lajes trincadas dos envolvidos, nos desvelamos acríticos aos transtornos provocados por suas imolações – como no florescimento romântico da filha, em que a ignorância, cumulada com a desqualificação de problemas, provoca trincas emocionais no fim da pré-adolescência e início da adolescência: um ciclo extraordinário com transformações físicas e emocionais. Quando normas e limites anteriormente definidos cedem espaço a um crescente desejo de explorar o desconhecido, tem lugar um processo essencial para a formação do ser, mas não isento de riscos, especialmente se não houver a ousadia de ficar inteiro, tendo que transgredir.

Tempo de segundas intenções, planejamento e manipulação do ambiente como estratégias para alcançar objetivos. Surge, então, uma resistência à sociedade e aos "egos totalitários" que promovem uma convicção ilusória de domínio da verdade. Uma jornada por terras inexploradas, em que as incertezas e esperanças se entrelaçam, mas também brota a preciosa flor da autodescoberta.

Não mais crianças, ainda distantes da plenitude da adultez, permanecem à mercê de pais desprovidos de preparo para acolher a primavera da sexualidade de suas filhas. Os adultos e anciãos, hipócritas do amor, encarnam a própria comédia e tragédia do teatro grego, fingindo ser o que jamais foram. Na pré-adolescência, o amor é um diamante, brilhante e puro, verdadeiro e genuíno em sua essência, mais autêntico do que qualquer outro sentimento. É o tempo do romance mais sincero, imune à falsidade, ainda que não isento das inseguranças que surgem, especialmente quando revisitam os primórdios da infância.

A criança, com a pureza instintiva de seu ser, arremessa a almofada ao chão, numa súplica silenciosa para que o adulto, num gesto quase ritualístico, a reponha. Em seu ato, há um apelo velado, uma busca ardente pela atenção do outro. No portal de transição para a pré-adolescência e a adolescência, tal impulso se torna mais refinado, mais eloquente. As "segundas intenções" emergem como reflexos de um desejo profundo por conexão, revelando, ao mesmo tempo, a complexidade emocional que se entrelaça ao despertar dessa nova identidade.

Dentro dessa teia intrincada de desejos e anseios surge, como uma chama viva, a promessa de encontros espontâneos, quase míticos, reminiscências das aventuras que se desdobravam nas casas dos jovens enquanto seus pais se ausentavam para o trabalho. Esses momentos, imortalizados pela impetuosidade da juventude, tornaram-se santuários sagrados de experimentação, de descoberta e de uma alquimia emocional que forjava os laços mais profundos. Em um cenário banhado pela efervescência e pela intensidade da adolescência, cada instante pulsava como uma celebração das emoções, que, embora efêmeras, seriam eternamente gravadas na alma, como se o tempo, rendido à sua força, se tornasse eterno.

Aos quase quinze anos, há um momento que pulsa entre a inocência do brincar e o despertar de algo mais profundo. Era uma tarde qualquer, daquelas em que o calor faz o tempo parecer preguiçoso. A jovem sugeriu que a brincadeira de esconde-esconde acontecesse em sua casa, um espaço cuja configuração parecia perfeita para o jogo: armários com portas pesadas e corredores estreitos. Entre esses elementos, havia um segredo – uma porta oculta dentro de um armário que levava ao banheiro, um atalho invisível para olhos desatentos. Era mais do que uma simples brincadeira; havia algo arquitetado na escolha do lugar, como se aquele espaço carregasse um convite velado à exploração não apenas do físico, mas do emocional. Em um jogo de futebol, sabe-se que a bola às vezes é chutada para um lado apenas para desviar a atenção, abrindo caminho para outra jogada. De forma semelhante, o esconde-esconde não era apenas o que aparentava ser. Havia ali um campo de táticas e estratagemas no qual a brincadeira camuflava intenções mais sutis.

Entre risos abafados e passos apressados, uma das participantes encontrou seu esconderijo em um armário espaçoso, escolhido não apenas por sua eficácia, mas pela presença da passagem secreta. Ao abrir a porta oculta, um novo universo se revelava: um banheiro silencioso e isolado, quase como um mundo paralelo dentro da casa. Naquele instante, o jogo deixou de ser sobre esconder-se e passou a ser sobre descobrir-se. A adolescência, afinal, é um labirinto de portas e caminhos ocultos. Cada escolha, por mais inocente que pareça, carrega em si o desejo de explorar o desconhecido, de ultrapassar limites, de tocar algo que é ao mesmo tempo proibido e fascinante. O armário com a passagem secreta é uma metáfora dessa jornada: um espaço de transição entre o que é seguro e o que é misterioso, entre o conhecido e o inexplorado. Sem a supervisão de adultos, o ambiente torna-se um teatro de possibilidades. Cada gesto parecia carregado de significado: o toque na porta oculta, o som abafado dos passos no corredor, os segundos em que a respiração era contida – tudo ganhava uma dimensão quase ritualística. A jovem, ao propor a brincadeira em sua casa, parecia consciente, ainda que de forma instintiva, do potencial transformador daquele espaço.

Há um momento em que o lúdico e o simbólico se entrelaçam, e é nesse entrelaçar que surge a oportunidade de experimentar diferentes formas de intimidade. Não apenas no sentido romântico ou sexual, mas também no sentido de conectar-se consigo mesma e com os outros. O jogo funcionava como um pretexto, uma forma disfarçada de abrir portas, não apenas no espaço físico, mas também no espaço interno de cada participante. Ao final da tarde, quando a brincadeira foi encerrada, todos voltaram à normalidade da convivência, mas algo havia mudado, ainda que de forma imperceptível. A passagem oculta não era apenas uma peculiaridade arquitetônica; era um símbolo do que estava por vir. Um lembrete de que a adolescência é um jogo constante entre o que se mostra e o que se esconde, entre o que é permitido e o que é transgressão. E, nesse jogo, cada um vai descobrindo um pouco mais de si mesmo.

Nessa trama ficcional, uma mãe que se dedicava exclusivamente ao lar assume sem hesitar o papel de suprir a ausência de uma figura feminina parceira. Curiosamente, seu companheiro adolescente tem 15 anos, idade de seu filho. No esconderijo ela lhe diz: "Sou a bola usada e experiente para você treinar" e eles fazem sexo. Inobstante a naturalidade da intimidade, sem conformidade com a moldagem social.

Porém, sem qualquer ficção, dentro de relações de poder desiguais, nas quais os agressores são frequentemente adultos ou adolescentes mais velhos, ocorre o abuso sexual, enquanto as vítimas, muitas vezes, não têm como se defender ou denunciar a violência devido à falta de apoio ou ao medo de retaliação. Isso agrava ainda mais a situação das meninas que crescem em ambientes de extrema vulnerabilidade, sujeitas ao trabalho infantil, à exploração sexual e à ausência de políticas públicas que ofereçam suporte para compreender seus direitos e se proteger. Essas dinâmicas refletem a desigualdade de poder, sendo a exploração sexual de adolescentes por adultos uma grave violação dos direitos humanos.

Quando meninas, especialmente aquelas em situação de extrema vulnerabilidade, enfrentam violência sexual, frequentemente se encontram em um ciclo de desamparo, no qual os agressores têm vantagem não só pela força física, mas também pelo controle social, emocional e psicológico. Sem paridade de forças entre agressores e vítimas, alimenta-se o monstro.

CAPÍTULO 13.

CONSCIÊNCIAS E CONSCIÊNCIAS

SOMOS ARQUITETOS DE NOSSAS PRÓPRIAS PRISÕES? OU FORJADORES DE NOSSAS CARTAS DE ALFORRIA?

A incerteza não nos ignora, mas a verdadeira liberdade reside na coragem de desvendar a própria consciência. E, ainda assim, há consciências e consciências. Para uns, uma aliança no dedo ressoa como um troféu: "não ficarei para titio ou titia"; para outros, como um grilhão: "não sou mais livre para dizer sim ao amor". Mas e aquele que é casado e não usa aliança? "Está louco? Assim coloco meu casamento em risco". É sua perspectiva, e a respeitemos, mas ele não está incólume, a salvo dos próprios receios – semelhantes ao interno do hospício que empurra um carrinho de pedreiro virado para baixo. Quando alguém sugere que o desvire, ele retruca: "Está louco? Se eu desvirar, colocarão peso para que eu carregue". Sua lógica pode parecer distorcida, mas é coerente dentro de seu mundo. Assim também ocorre com aqueles que temem a ausência da aliança. O que, afinal, temem perder? A segurança da posse? O respeito social? Eis o paradoxo: por medo de perder o outro, produzimos o próprio grilhão em que perdemos a nós mesmos.

Nem tudo com o que interagimos é objeto de posse, ainda mais de certificação exposta na vitrina. A virgindade de uma mulher não exige atestado médico renovado e apresentado, assim como uma casa não tem sua escritura fixada na porta.

Lembro-me de um episódio que ilustra esse dilema. Tínhamos acabado de construir nossa casa. A mudança fora recente e, naquele sábado, minha esposa e eu, junto com nossos dois filhos pequenos, estávamos na varanda do segundo andar quando uma voz robusta ecoou do lado de fora:

– Prove que essa casa é sua!

Não era um burocrata do Estado. Ficou claro que nele havia uma decomposição mental, uma ilusão que emergia da loucura – exigia cautela.

– Hoje é sábado, o cartório está fechado. Volte na segunda-feira e lhe apresentarei a prova que deseja.

Ele assentiu e partiu. Mas eu não o deixaria desaparecer no véu da noite. Peguei o carro e o segui à distância. Um amigo, preocupado com minha segurança, insistiu em me acompanhar. Concordei. Seguimos até onde foi possível, até que o homem desceu uma ribanceira. Continuei a pé, sozinho, para que ele não se sentisse ameaçado. Bati à porta de sua casa. Ele atendeu, surpreso.

– Esqueci de lhe falar algo.

Enquanto falava, meus olhos percorriam as paredes de sua sala. E ali estavam elas: as janelas coloniais da minha casa, desenhadas em traços precisos sobre a parede dele. Eis o núcleo de sua ilusão. Sua mente erguera muros onde não havia concreto e proclamara posse sobre um castelo que só existia em seu delírio.

– Essas imagens são os seus sonhos, não são? São belas. Porém, irreais. Assim como despertamos de um sonho e compreendemos que ele não passava de um desejo, precisamos esclarecer esta situação.

O silêncio se prolongou até que uma voz feminina veio de dentro:

– Ele parou de tomar os medicamentos.

Então, como quem emerge das sombras para a luz, ele disse, quase num sussurro:

– Dependo deles.

Ali sua consciência foi resgatada. Não porque o obriguei, mas porque ele próprio reconheceu: há momentos em que precisamos de um guia para nos devolver à realidade. O louco é prisioneiro de sua mente, mas sua lucidez parcial ainda lhe permite esperar que os carros parem antes de atravessar a rua. Contudo, há uma consciência ainda mais lúcida – a daquele que, ao ver um louco de pé à sua frente, exigindo documentos que não lhe dizem respeito, compreende que ali não há um inimigo, mas um desprotegido da própria razão. Eis o dilema: será que o louco é o arquiteto de sua prisão? Ou, sem ajuda médica, jamais poderia redigir sua carta de alforria? Hoje sou grato por haver feito boas colheitas ao plantar consciência na mente das pessoas.

A decomposição mental não escolhe classe social, não.

A consciência popular do dedo podre, ainda que distorcidamente, é como uma vela acesa no meio da escuridão. Nestas quatro décadas em que os assisto, seus amores decompostos por já haverem perdido a si mesmos se somaram à minha graduação, e a colheita foi boa, como este livro.

CAPÍTULO 14.

COMO SERIA A CONSTRUÇÃO DE UM AMOR SADOMASOQUISTA?

O que o espinho disse à rosa?
Fui o brilho que te iludiu,
o encanto que te prendeu,
mas, por trás da promessa dourada,
escondia a avareza do seu ser:
um falso príncipe Tio Patinhas

Numa tarde resplandecente, em meio a um roseiral encantado, surge, de repente, como que brotando do próprio éter, um abraço apertado, um beijo. Nesse abraço, ao primeiro toque, senti a dor de um espinho – tal como o da rosa, suave e mortal – que se cravava profundamente em minha alma. Desde então, vi minha essência se despedaçar para que o predador, intacto, permanecesse.

Esse foi meu destino, minha entrega à anatomia do masoquismo, na qual o sadismo se entrelaça ao paradoxo, como um ciclo sem fim.

A CONSTRUÇÃO BIUNÍVOCA

O termo "biunívoca" descreve uma relação entre dois conjuntos ou elementos na qual, para cada elemento de um conjunto, há exatamente um elemento correspondente no outro e vice-versa. Em outras palavras, é uma correspondência mútua e exclusiva entre dois conjuntos. Trata-se de uma relação de correspondência ou equivalência entre duas entidades.

Ao contrário de outras espécies, na humana, a primeira infância constitui a base fundamental da construção mental. A pré-adolescência e a adolescência ressoam como uma laje, refletindo a consistência – ou a fragilidade – da estrutura previamente erguida, evidenciada pelas fissuras que surgem ao longo do tempo. Contudo, esses ciclos sensíveis, embora destacados, não desconsideram a segunda infância.

Na primeira infância, o bebê estabelece seu primeiro laço parental, o mais essencial, fundamentado nos cuidados recebidos em seu cotidiano, num tempo marcado pela repetição e pela constância. Não nos lembramos conscientemente desse período, mas ele permanece gravado em nossa alma. Fomos outros então, assim como somos outros quando dormimos e sonhamos. No entanto, quando sonhamos, o sonho é uma manifestação do sonhador, um discurso sobre si mesmo. Em sua linguagem onírica, o sonho transcende descargas neuronais. Ele é nossa própria voz, dialogando conosco como se fôssemos estranhos – mas não somos.

UM FEITO PARA O OUTRO – A ANATOMIA DE UM CASAL SADOMASOQUISTA

A visão biunívoca entre o masoquista e o sádico transcende um simples relacionamento disfuncional. Ela propõe que esses papéis, embora opostos, estão entrelaçados como duas peças de um quebra-cabeça emocional. Essa interdependência é moldada por experiências anteriores, especialmente na infância, pré-adolescência e adolescência, quando o indivíduo internaliza padrões emocionais que mais tarde se repetem nos relacionamentos.

O PAPEL DA CONSTRUÇÃO NA PRIMEIRA INFÂNCIA

A análise da primeira infância e sua relação com a formação psíquica conclui que os laços e cuidados recebidos no início da vida criam a base para as interações futuras. O que não é lembrado conscientemente permanece como um substrato emocional, moldando escolhas, desejos e até mesmo predisposições inconscientes para certos tipos de relacionamentos. Esses esquemas, muitas vezes não compreendidos, não podem ser consertados com simples ferramentas, como uma chave de fenda.

REFLEXÃO SOBRE A "NEUROSE SOCIAL"

O impacto das estruturas familiares e sociais na formação das dinâmicas sadomasoquistas remete à "neurose social" e amplia a responsabilidade do indivíduo, mostrando que, embora as escolhas possam ser moldadas pelo passado, também existe um elemento de interação com um contexto mais amplo, fortalecido pela identidade socializada e pelos ciclos vividos na pré-adolescência e na adolescência.

A AMBIVALÊNCIA ENTRE A ROSA E O ESPINHO

A rosa, com sua delicadeza perfumada e cor vibrante, simboliza o amor desejado, aquele que floresce e encanta. Porém, em seu caule, reside sempre o espinho, afiado e pronto para ferir, como um guardião sombrio que não separa ameaça de proteção. Juntos, rosa e espinho formam um paradoxo que transcende a beleza simples e revela o drama eterno do coração humano.

A criança, desde a primeira infância – tema que será abordado em suas raízes mais adiante –, vive o ciclo de refúgio nos braços que deveriam ser seguros, como pétalas que envolvem e acolhem. No entanto, não está incólume, a salvo dos espinhos. Esse é o movimento ambíguo que, na vida adulta, se transforma, mas nunca se apaga.

Amedrontada, a criança corria para os braços de seu anjo da guarda – um porto seguro – mas nem sempre era acolhida. Assim se formam as bases de uma construção emocional que, na vida adulta, pode ser desafiada diante de situações semelhantes. Agora adulta, ela permanece "na moita", sob ameaça, preferindo não sair de lá. Há uma identidade intrincada que revela um padrão sadomasoquista.

A violência se apequena diante da vastidão do pensamento, ainda mais quando é direcionada a quem se diz amar. Ao impor obediência, ela se desvela, mostrando-se como espinho sem encanto.

Nesse processo contínuo e cumulativo, influenciando e moldando as experiências futuras, a rosa sonha em oferecer sua beleza como uma promessa de conexão e afeto, mas o espinho insiste em provar que amor e dor são inseparáveis. Autoimolando-se ao sacrifício, confundindo o espinho com a inevitabilidade, a rosa não apenas se desvela, mas revela o padrão sadomasoquista. A rosa, sedutora, promete plenitude; o espinho, por sua vez, avisa que a plenitude tem preço, como um Tio Patinhas, fissurado no seu cofre de moedas. É um ciclo que começa com atração – a rosa –, porém murcha antes do tempo, pois Tio Patinhas não sabe regá-la. Ao contrário, fere-a. O espinho é a sua identidade paradoxal à identidade da rosa.

POR QUE INSISTIMOS NESSE ENREDO?

Os braços de quem cuidou de nós já eram feitos de rosas e espinhos. Aprendemos a amar entre fragilidades e ameaças. Acolhimento e ferida. Quando adultos, já estávamos moldados dessa maneira. A rosa ainda floresce, mas o espinho permanece. Apaixonamo-nos pela promessa da beleza, ignorando a dor que pode surgir ao tocá-la.

Se alguém vive sob a imposição de violência emocional – que frequentemente evolui para a violência física –, não basta apenas dizer: "Mas eu não gosto de apanhar".

No teatro do sadomasoquismo amoroso, a violência se mistura à tentativa de controle, mas essa dinâmica, ironicamente, destrói a própria base do afeto e decompõe a relação. A vítima, ao acusar seu dedo podre, não entende que, sem um escrutínio deliberado das escolhas passadas, o dedo podre persiste, conduzindo a ciclos repetitivos.

Neste romance, a rosa e o espinho são amantes inseparáveis. A rosa desafia: "Venha, aprecie minha beleza." O espinho adverte: "Mas lembre-se, o toque pode machucar".

Essa história continua no capítulo seguinte.

CAPÍTULO 15.

NO ROMANCE: QUEM É O CAÇADOR E QUEM É A CAÇA?

O temor da presa ecoa em cada suspiro, abafado pela urgência da fuga. Oculta nas sombras da moita, ela sente o perigo que a envolve, pulsante como o coração de uma criatura encurralada. Olhos astutos e implacáveis a observam, escondidos na penumbra, aguardando o instante exato para reivindicar seu prêmio. No jogo da perseguição, não há espírito livre nem essência imortal – apenas a amarga e eterna dança entre poder e submissão.

Assim também são as relações nas quais o amor se disfarça de cativeiro. O amor conjugal, tantas vezes cantado em hinos publicitários para plateias sedentas de ilusão, esconde sob sua superfície a sombra de um aprisionamento silencioso, em que os corações não são livres, mas enredados.

No romance sadomasoquista, o manipulador brinca com a fragilidade da vítima, soltando-lhe as amarras apenas para puxá-las de volta com um golpe cruel. Aponta falhas para humilhar, sua voz ressoando como chicotadas invisíveis. No teatro da frustração, em que suas expectativas jamais são atendidas, ele profere a ameaça, como a devolução da aliança. E, em seu grilhão, a vítima murmura, entre soluços: "Se essa aliança sair deste dedo, jamais voltará".

Em vez de um livramento oportuno, ele parece distante, inalcançável. Mas não é assim. Pois, assim como o sonho é parte do sonhador, ela é parte do sadomasoquismo, que retém o pior e a arrasta para o abismo. Despedaça-se para deixá-lo inteiro. Abre mão de si, moldando-se a ele.

Talvez ela abandone o uso da calcinha no trabalho – jamais revelaria a alguém, mas sente como símbolo de liberdade. Mas a aliança... ah, a aliança! Sem ela, todos saberiam. Por um ato em que cedesse ao instinto sexual com outro homem, ela, aos prantos, revelaria sua transgressão, autoimolando-se ao castigo imposto com violência física.

No início, ela era a Cinderela educada, e ele o príncipe encantador. Mas, nas profundezas da privacidade das sombras, ele já lhe infligia coices e ela, a cada ferida, encontrava a ancoragem inconsciente para seguir adiante. A aliança, posta em seu dedo, era um prêmio. De Cinderela, ela se tornara princesa, mas no castelo de suas próprias ilusões, onde a verdadeira prisão se escondia.

Neste palco, no qual caçador e presa encenam um ritual ancestral, algo maior, biunívoco, se desenha: um destino forjado, fraudulento. A filha se entrega à decomposição emocional, prostituindo-se emocionalmente em troca de migalhas. Está destinada a encontrar não um príncipe, mas um príncipe forjado, como um príncipe Tio Patinhas, vazio e frio.

No teatro sombrio do amor, a aliança é vista como troféu conquistado. Entre caçador e presa, o destino não se escolhe – repete-se.

CAPÍTULO 16.

INFLUÊNCIAS PRESENTES E FUTURAS DOS APEGOS

No laço invisível do vínculo, reside o mapa do ser; entre o anseio por segurança e o temor do abandono, tece-se o destino da alma, a dança de aproximação e distância. Como prata líquida, molda-se o apego nas mãos do tempo, sustentando as frágeis fortalezas do coração humano.

A teoria do apego, desenvolvida pelo psicanalista e psiquiatra infantil John Bowlby (1907-1990), foi ampliada por novos pesquisadores. Na visão concluída das pesquisas de suas pesquisas, lê-se:

> Os estilos interacionais ou de vinculação tendem, com o passar do tempo, a se manter inalterados.
> No estilo seguramente apegado, o indivíduo continua a ter modelos funcionais de interação disponíveis durante a vida, preservando representações positivas de si.[7]

Para aprofundar essa questão, recorremos ainda às ideias de Bowlby:

> **Persistência e estabilidade de padrões**
> Ao completar-se o primeiro aniversário, mãe e bebê realizaram comumente tantos ajustamentos em resposta um ao outro que o padrão resultante de interação já se tornou extremamente característico.[8]

---

7 ABREU, Cristiano Nabuco de. *Teoria do apego*: fundamentos, pesquisas e implicações clínicas. Belo Horizonte: Artesã Editora, 2023. p. 71-72.

8 BOWLBY, John. *Apego*: a natureza do vínculo. Vol. 1, 3ª ed. São Paulo: Martins Fontes, 2002. p. 432.

Desenvolvimento na organização do comportamento do apego
Tem sido repetidamente afirmado que o comportamento de apego não desaparece com a infância, mas persiste durante a vida inteira[9]

O espectro do apego na primeira infância, contudo, refere-se à ampla gama de formas com as quais o comportamento entre uma criança e seus cuidadores principais pode se manifestar.

Ao longo de suas pesquisas, Bowlby e Mary Ainsworth (1913-1999) pautaram quatro subtipos de apego.

1. APEGO SEGURO – NAS RAÍZES DO CORAÇÃO SEGURO, CRESCE A ÁRVORE DO VÍNCULO, CUJOS FRUTOS ALIMENTAM A CONFIANÇA E CUJAS SOMBRAS ABRIGAM O AMOR

Em um delicado entrelaçar de ciência e emoção, eis o portal para os contornos do *apego seguro*. Das mãos acolhedoras da infância às mãos entrelaçadas da vida adulta, explora-se a trilha na qual o amor confiante floresce. Neste ensaio, abracei a empreita de estudar a teoria do apego, apresentando-a, porém, por meio de uma abordagem poética e lírica, que desvenda como a presença sensível e constante de um cuidador cria uma base sólida para a exploração do mundo e o retorno ao porto seguro. Na jornada adulta, essa herança manifesta-se em relações marcadas pela harmonia entre independência e proximidade, pela intimidade sem temor e pela confiança que transcende o abandono. O foco é a decifração do intricado enigma conhecido popularmente como dedo podre.

CARACTERÍSTICAS SUCINTAS DO APEGO SEGURO NA INFÂNCIA:

- O apego saudável ocorre quando os cuidadores são consistentes, sensíveis e emocionalmente disponíveis. Sem a criança despedaçar-se, ao andar perdendo-se aos pedaços, autoimolando-se, como nos demais subtipos de apegos inevitáveis, diante do meio despreparado.

9 Idem, ibidem. p. 435.

- A criança sente-se segura para explorar o ambiente, sabendo que pode retornar ao cuidador em busca de conforto e proteção.
- Demonstra angústia moderada quando o cuidador se ausenta e alegria ao reencontrá-lo.

CARACTERÍSTICAS SUCINTAS DURANTE A VIDA ADULTA:

- Capacidade de confiar em outras pessoas e formar relações saudáveis.
- Conforto com a intimidade, sem medo excessivo de abandono ou dependência.
- Comunicação aberta, com equilíbrio entre independência e proximidade.
- Os relacionamentos tendem a ser estáveis e satisfatórios, mesmo considerando variações em condições neurodesenvolvimentais, comportamento e interação social.

2. APEGO EVITANTE OU DESPREOCUPADO

Neste subtipo de apego impróprio, mas inevitável na sua jornada, em sua travessia no meio ignorante, no silêncio das ausências, a alma aprende a disfarçar a dor. Pelo medo de se entregar, acaba perdendo a possibilidade de se conectar.

Entre as sombras da infância e a solidão da vida adulta, o *apego evitante*, ou *despreocupado*, se constrói como um reflexo da indiferença emocional dos cuidadores. Na infância, um coração solitário se esconde, retraindo-se da necessidade de afeto por medo da rejeição. Cresce e, na maturidade, aprende a navegar pelo mundo com a armadura da indiferença, evitando a intimidade como um cavaleiro que, apesar de estar cercado de riquezas, nunca se atreve a abrir as portas de seu castelo.

Com a leveza de um poeta que sussurra sentimentos sem nunca os pronunciar em voz alta, o indivíduo de apego evitante rejeita o toque das emoções como quem olha para o mar distante sem se atrever a mergulhar. Seus relacionamentos, revestidos de um frio aparente, carregam a solidão de quem nunca se entrega por completo. Uma travessia silenciosa, marcada pela busca da independência, mas também pela constante negação da vulnerabilidade que poderia trazer o alicerce da verdadeira conexão. Em cada gesto, uma poesia não dita, em cada palavra, o eco da distância. Esse é o amor caro demais, que pagamos ao meio parental ignorante.

CARACTERÍSTICAS SUCINTAS DO APEGO EVITANTE OU DESPREOCUPADO NA INFÂNCIA:

- Desenvolve-se quando os cuidadores são emocionalmente indisponíveis ou rejeitam as necessidades emocionais da criança.
- Nessa relação com adultos inteiros, quem ainda se constrói despedaça-se, minimizando-se ainda mais em suas expressões para evitar a rejeição. Não há outra opção senão a de se despedaçar para deixar o outro inteiro.
- A criança explora o ambiente sem buscar proximidade ou conforto no cuidador.

CARACTERÍSTICAS SUCINTAS DURANTE A VIDA ADULTA:

- Dificuldade em confiar nos outros ou em se conectar emocionalmente.
- Evita a intimidade por medo de rejeição ou perda de independência.
- Tendência a suprimir emoções e esconder vulnerabilidades.

A pessoa pode apresentar-se emocionalmente distante ou desconectada em relacionamentos, mas isso não é uma conduta aprendida ao acaso; é o efeito de sua construção intrincada e despedaçada: trincada e intrincada. Como não se bastasse, é só um pedaço dos subtipos de apegos, os quais nos fragmentam, nos despedaçam. Nenhum é ilha isolada.

3. APEGO AMBIVALENTE (OU ANSIOSO-RESISTENTE)

Entre o desejo ardente de proximidade e o temor gelado da perda, caminha o coração que nunca soube a certeza de ser amado. Não somos feitos de ferro, mas de emoções. No delicado e inclemente tecido das relações humanas, o *apego ambivalente* se ergue como um espectro de contraditórias emoções. Desde a infância, quando os afetos são inconstantes, e os cuidados, imprevisíveis, uma alma fragilizada se despedaça ainda mais; vê-se perdida entre a busca incessante por afeto e o medo profundo da rejeição. O coração, dividido entre o ardente desejo de se conectar e a angústia da distância, atravessa-se no seu portal para a vida adulta como uma dança sinuosa de paixão e frustração. Ansiosa e resistente, a vida clama por reafirmação, mas também teme a própria entrega. Em sua alma, a chama da necessidade de ser amada arde intensamente, mas a sombra da dúvida nunca se apaga. Cada gesto de carinho é tanto um alicerce quanto uma prisão. Desde muito cedo, perde a si mesma para moldar-se ao outro. Fica o molde daquela que sofre por haver perdido o outro, mas, antes, já havia perdido a si mesma em sua intrincada construção. Esse é o labirinto do subtipo de apego ambivalente, no qual amor e dor se entrelaçam numa eterna busca por segurança. Na alma humana, as distinções emocionais dispõem de nuanças quase imperceptíveis.

CARACTERÍSTICAS SUCINTAS DO APEGO AMBIVALENTE NA INFÂNCIA:

- Surge quando os cuidadores respondem de forma inconsistente às necessidades emocionais da criança.
- A criança não sabe o que esperar, o que gera insegurança.
- Exibe comportamentos intensos de busca por proximidade, mas com sinais de resistência ou raiva ao contato com o cuidador.

CARACTERÍSTICAS SUCINTAS DURANTE A VIDA ADULTA:

- Desejo intenso por proximidade emocional, acompanhado de medo de abandono.
- Comportamento frequentemente marcado por ansiedade, necessidade de reafirmação constante e preocupação excessiva com o relacionamento.
- Pode ser percebido como dependente ou "pegajoso".
- Oscila entre busca de proximidade e sentimentos de raiva ou frustração diante de sinais de rejeição ou negligência.

4. APEGO DESORGANIZADO (OU MEDO-EVITATIVO)

A alma voa e se esconde entre o desejo de se entregar e o receio de se perder. O afeto é tanto abrigo quanto tempestade, o coração dança na corda bamba. Em um ciclo de luz e sombra, no qual o amor se torna um campo de batalha, nasce o apego desorganizado. Criado sob os ventos tortuosos da insegurança e da dor, o ser humano se vê entre o abraço acolhedor e o medo imenso de se entregar. Na infância, o cuidador é fonte de conforto, mas também de terror, e a criança, perdida em suas contradições, alterna entre a busca e o afastamento, sem entender o que significa verdadeiramente ser amado. Ao crescer, o adulto, marcado por suas feridas, ainda se vê entrelaçado nas sombras da dúvida, desejando a proximidade, mas temendo a dor da rejeição. A intimidade é uma utopia inatingível, e o amor, um terreno fértil para o medo, no qual o coração se perde em suas próprias defesas, sempre à beira do abismo da autossabotagem. No amor, a tragédia não é a falta de afeto, mas o temor de ser vulnerável e a solidão que nasce da incerteza.

CARACTERÍSTICAS SUCINTAS DO APEGO DESORGANIZADO NA INFÂNCIA:

- Desenvolve-se em ambientes onde os cuidadores são fontes de conforto, mas também de medo, como em casos de abuso, negligência grave ou violência doméstica. Esse é o crime das relações parentais.
- A criança apresenta comportamentos contraditórios, como se aproximar e evitar o cuidador ao mesmo tempo.
- Não há uma estratégia coerente para lidar com o estresse.

CARACTERÍSTICAS SUCINTAS NA VIDA ADULTA:

- Desejo por intimidade e medo profundo de vulnerabilidade e rejeição.
- Relacionamentos marcados por conflitos internos: aproximação e afastamento constantes.
- Altos níveis de ansiedade e insegurança, com dificuldade de confiar nos outros.
- Predisposição a comportamentos autossabotadores nas relações interpessoais.

"Não tenha filhos ou tenha-os quando for capaz de oferecer um apego seguro" – essa frase é um farol, talvez uma mente iluminada que, após a vela acesa, nos guia na escuridão. Nas grandes metrópoles, onde elevados índices de pessoas vivem em situação de rua e o número de filhos e de casos de violência doméstica aumentam, revela-se o despreparo coletivo e de quem nos governa. A teoria do apego, vista sob a perspectiva de múltiplos ângulos, como os picassianos, se torna uma valiosa referência para consulta e estudo, visando um futuro melhor.

A teoria do apego passou por diversas reformulações. Na visão de Rudolph Schaffer e Peggy Emerson, pesquisadores da área, a primeira infância pode ser dividida em quatro fases – ao nosso ver, sem especialidade pediátrica, mas analítica, seguramente como espectros.

Eis a jornada da alma em seus primeiros lampejos:
Do vazio indiferente ao calor do toque que acolhe,
Do eco do mundo ao pulsar de um coração que chama.
Assim se entrelaçam os fios do apego,
Tecer de vínculos que sustentam o voo da vida.

APEGO ASSIMÉTRICO OU PRÉ-APEGO

De 0 a 6 semanas. O bebê não apresenta vínculos de apego específicos. É indiferente a quem o manipula ou alimenta, não importa quem satisfaça suas necessidades. Período ideal para adoção, pois não há vínculo com os pais biológicos.

FASE DE INÍCIO DE APEGO

Entre 6 semanas e 7 meses, o bebê começa a reagir ao ambiente social, embora sem preferências claras. Demonstra reações positivas e negativas (choro ou agitação na ausência de interação). Ainda aceita a presença de diferentes cuidadores.

APEGO ESPECÍFICO

Entre 7 e 9 meses, o bebê desenvolve um vínculo claro com o cuidador principal: preferência por uma pessoa específica que oferece segurança. Demonstra ansiedade na presença de estranhos, dá mostras de aflição ou chora quando é separado do cuidador primário. Começa a distinguir entre pessoas íntimas e estranhas.

MÚLTIPLOS APEGOS

A partir de 10 meses, o bebê cria vínculos com várias pessoas, mas mantém o cuidador principal como referência. A exploração social é ampliada pelas conexões com outras pessoas ao seu redor.

CAPÍTULO 17.

CASO PSICOSSOMÁTICO QUE EMBASA A TEORIA DO APEGO

O presente ensaio sobre o dedo podre busca trazer reflexões que possam ressoar com o tema do amor em processo de decomposição. Esse é o caso de uma paciente cujos relatos, marcados pelo passar do tempo, descreviam episódios de retenção fecal que remontavam à sua primeira infância.

Com base nos pressupostos da teoria do apego, sua memória visceral guardava, no silêncio do corpo, os ecos de um passado esquecido. Seu pai, uma presença fugaz e luminosa, visitava-a regularmente até os seus seis meses de vida. Mas a descoberta de que ela era fruto de um caso extraconjugal resultou em uma interrupção abrupta das visitas. Essa ruptura, embora não registrada de forma consciente, foi impressa de modo psicossomático.

Após esse rompimento, a pequena bebê começou a expressar, por meio da linguagem inarticulada do corpo, sua dor e seu desejo de retenção. Um símbolo inconsciente, representando sua tentativa de segurar dentro de si a manifestação do amor paterno perdido, através da retenção fecal.

O tempo não apagou essas marcas. Na vida adulta, ela se tornou pediatra e, ao tornar-se mãe, enfrentou novamente o apego ameaçado pela ausência. Durante a gravidez e após o nascimento de seu filho, viu o marido, um médico igualmente dedicado, ser consumido pelas exigências da profissão, tornando-se menos presente em casa. Essa ausência reacendeu as brasas do abandono primitivo, conectando inconscientemente a ausência do pai biológico à do companheiro. Pelo fenômeno da transferência freudiana, as emoções reprimidas encontraram eco no corpo: a retenção fecal retornou, como um grito silencioso do inconsciente, prolongando-se por até 15 dias. Era como se, por meio desse ato simbólico, ela tentasse reter algo que lhe escapara – a figura paterna, a presença que nunca se fez inteira e foi interrompida para sempre.

O intrincado histórico clínico dessa paciente manifesta-se como uma dança melancólica entre passado e presente, um enigma em que os laços invisíveis da infância moldam as escolhas e os sofrimentos da vida adulta, conforme sugere a teoria do apego. A ausência do pai, como um vazio ancestral, não apenas definiu a menina, mas transformou sua jornada em uma epopeia existencial. Nesse enredo, o vazio deixado pela figura paterna se entrelaça à ausência de uma presença masculina na vida de sua mãe, que, como mãe solteira, carregou o peso de proteger o coração da filha enquanto enfrentava seu despedaçamento: incompleta. Ainda assim, a menina cresceu atraindo homens cuja presença era tão fugaz quanto a de seu pai, perpetuando um ciclo de ausência e de desejo por pertencimento. O pai esteve presente por pouco tempo em sua vida, assim como o marido.

O que parece ser o acaso a escrever a vida esconde um pincel invisível no inconsciente, unindo o ontem e o hoje. No entanto, esses ciclos não foram apenas áridos; neles também floresceram romances e encontros que desobedeceram às convenções. Ainda persiste uma promessa oculta entre as linhas do destino: o que foi repetido pode ser interrompido, curando o dedo podre. Assim como uma flor insiste em brotar nas fendas do concreto, uma nova epopeia de autossuperação emerge.

Esse é o enigma do próprio ser: ao estudar a essência interior, torna-se um farol que ilumina. Contudo, é imprescindível abandonar o papel de vítima e assumir o protagonismo da autossuperação.

Por fim – pôr fim ao que é invisível no repositório do inconsciente – esta jornada interna valida a expressão clássica: "Conhece-te a ti mesmo". Entre o passado e o futuro, mesmo nas tramas mais intrincadas da psique, há sempre a promessa de um novo começo. É a ousadia e a coragem de, finalmente, tomar a vida em suas próprias mãos.

Nas profundezas da psique, onde o passado ecoa e o futuro germina, cada ausência esculpe uma presença e cada ferida trama uma flor. O destino, bordado de repetições e promessas, aguarda pela ousadia das mãos que tecem novos começos.

CAPÍTULO 18.

PALÁCIO ANFITRIÃO DE PRINCESAS E PRÍNCIPES

Ilustração elaborada com o ChatGPT

"Dê uma infância pobre a seus filhos para que tenham uma vida adulta rica". Surge o paradoxo da teoria do apego. A que se apega? O apego seguro, pela teoria do apego, não desqualificaria a assistência recebida ao nascer em um hospital. Alicerces invisíveis sustentam a psique humana desde os primeiros dias de vida. Se a frase anterior provocar um efeito de *priming* que ancore no inconsciente um aplauso à pobreza, é preciso que se repense esse aforismo. Já o aplauso ao desafio é luminoso, pois o troféu conquistado não é uma dádiva, mas uma vitória conquistada. A vastidão do pensamento humano distingue, com clareza, o valor de uma coisa e de outra.

O berço do bebê não é apenas um móvel, assim como o quarto não é apenas um espaço físico: podem se revelar câmaras simbólicas na primeira infância. Ali cada cor, cada textura, cada detalhe sutil se inscreve no inconsciente como um código secreto que molda a experiência de segurança ou desamparo, deixando sua marca indelével na formação da psique.

As lojas de artigos infantis não devem ser confundidas com consultórios pediátricos, embora girem em torno da promessa de uma nova vida. As gestantes, em sua condição de vulnerabilidade, transitam entre o onírico e o real, e não estão imunes às emoções que emergem dos abismos de suas próprias histórias. O apego, forjado em estilhaços de memórias, pode se manifestar de maneiras evitantes, ambivalentes ou desorganizadas. E se em um comportamento a gestante foge de uma imagem paradoxal à sua, uma vendedora de silhueta bem definida, conduta que ela própria é incapaz de decifrar? Essa busca representa um desafio: mais do que seres instintivos, somos chamados a estudar a nós mesmos. Por outro lado, o apego seguro estabelece as fundações de uma alma forte e livre.

A gravidez, um portal sagrado para a vida, inaugura a jornada do ser, enquanto o quarto do bebê se ergue como um portal arquitetônico destinado a acolher pequenos soberanos. Não é o luxo, mas o convite ao pertencimento, tornando-se um refúgio onde cada detalhe, em sua sublimidade, sussurra com ternura: "Você é amado". Um convite ao amor.

O SOPRO DA VIDA E DO VIVER

No portal que se abre para além da vida, encontra-se a perda. Porém, no portal que abre a porta à vida, a celebração emerge: uma festa, um aniversário no qual ressoa o significado profundo da empatia, do amor genuíno.

A loja de berços, mais que um simples comércio, é um portal. No espaço temático infantil, não se trata apenas de mercadorias, mas da semeadura de sementes no espírito da criança. Nele não existe apenas um berço, mas um convite incessante ao viver. Uma estante de livros, modesta em sua presença, mas rica em sua essência – não como mero adorno, mas como um portal que abre as portas da magia do conhecimento. Que o tato da criança encontre esses livros com a mesma reverência com que toca a mãe no gesto primitivo de descoberta. Que a curiosidade – a semente da ciência, a faísca de toda mente luminosa – desperte na ponta dos dedos. Que o estudo se apresente não como uma obrigação árida, mas como um sussurro de prazer, uma dança do espírito que nunca cessa.

Apreciar livros – não importa se os rasgar, estes já poderiam integrar o material a ser demolido, mas como símbolo de portas abertas das melhores universidades. É inato no ser humano o apreço pelos seios, desde que estes não lhe sejam negados – o seio mau –, mas acolham. O seio é o alimento da alma, a fonte do amor. Mas o desafio reside: em vez da infância pobre aos filhos, o desafio em motivações que os envolvam e os preparem para uma vida adulta abundante, na qual a riqueza de saber se torne o maior tesouro.

Sem que o bebê fale, os pais o tocam, ainda no ventre. Não é preciso saber ler para que essa mesma criança se encante com os livros. O amor pela descoberta nasce antes das palavras, no silêncio do olhar, no gesto, no toque.

Os arquétipos de príncipes e princesas, apesar de sua ilusão, são imortais. Tentem apagá-los com a borracha do tempo e, mesmo assim, ressurgirão em símbolos, mitos e sonhos, eternamente vivos em nossa psique. A infância é um castelo invisível. Nos bastidores dessa fortaleza, erguem-se os pilares do ser. Que os palácios da primeira infância sejam edificados sobre alicerces sólidos de amor e segurança, mas iluminados pela chama eterna que podemos acender: a chama da curiosidade, do cuidado, da sabedoria.

Cada gesto de cuidado é uma pedra angular; cada palavra, um sopro que exala a essência do viver; cada curiosidade, uma porta que se abre, convidando a alma a alçar voo – ao amor, à sabedoria, à verdadeira riqueza da vida.

CAPÍTULO 19.

AMIGOS DE PAPEL: OS FARÓIS DA MENTE

Faróis rasgam as trevas e nos guiam, como metáforas daquilo que o livro representa: o farol da mente, um companheiro silencioso nas travessias da existência.

O prisioneiro, em sua jornada de autolibertação, desafia as correntes da ignorância ao ler trinta e seis livros por ano. Seus muros tornam-se meras ilusões, as grades se desvanecem, dando lugar a passagens secretas, e a cela, então, se dissolve na vastidão do horizonte. A idade, embora um grilhão do corpo, jamais será prisão para a alma, pois os amigos de papel, ao trocarem a bengala pela liberdade do voo, nos mostram que o verdadeiro cárcere reside apenas na mente. Cada página virada é um degrau, um caminho de ascensão que nos conduz a um portal interior, onde a imensidão do saber se revela ao viajante destemido.

Que os sonhos se manifestem: um país onde as livrarias se espalham como constelações, onde o aroma do papel impresso se mistura ao do pão recém-saído do forno. Uma nação sem miséria, pois suas crianças foram iniciadas na arte da leitura antes mesmo de aprenderem a formar palavras. Utopia? Talvez. Mas quem, em algum momento da história, ousaria afirmar que uma revolução não teve sua gênese em um sonho? Cada página virada é uma promessa de ascensão, um compromisso com o futuro: semear livros antes mesmo do primeiro alfabeto, para que possam ser tocados, como o pai que, ainda antes do nascimento, acaricia o filho no ventre da mãe.

Cada toque em um livro acende uma estrela no pensamento, e uma mente iluminada jamais se submete às trevas. Jamais se curva à miséria da ignorância. O conhecimento é um desafio, não uma arma. Não há sentido em arrancar o celular das mãos de outro através da violência; o verdadeiro desafio é capacitar nossas próprias mãos, tornando-as instrumentos de sabedoria.

O livro não é um simples objeto. Ele é um portal, o arco de ouro que separa mundos. Aquele que o abre atravessa fronteiras, aquele que o lê se reinventa. E quem se entrega à jornada literária, com o coração disposto, jamais volta a ser o mesmo.

Que cada livro aberto seja um par de asas desdobradas, um portal que nos abraça, conduzindo-nos aos novos horizontes da mente e do espírito.

CAPÍTULO 20.

A VIOLÊNCIA E O ABANDONO SÃO A FRAGILIDADE, O PODER É SUA ESSÊNCIA, O AMOR É SUA EVOLUÇÃO

Entre a violência e a vastidão do pensamento, há um abismo.

De um lado, a sombra em tormento,
Do outro, a luz que há em mim.

Quem é a ruína do mundo?
Quem é sua redenção?
A violência – instinto imundo –
Ou o pensar em expansão?

A violência forja monstros
Na ausência da chama e do céu.
O pensar, com passos prontos,
Abre portais sob o véu.

Quem desampara não sente
O peso do gesto ferido.
A empatia é chama ardente,
E o amor, seu alicerce erguido.

Amor e empatia são a bússola iluminada
na evolução do coração.

Quem cria arte a sublima – por isso a vida sem arte não se basta, ainda que baste àquele que a desconhece. Revela outra perspectiva. Contudo, há a perspectiva em sua completude e a que é apenas sombra.

O poder intrínseco à essência humana, quando confundido com força, é indigno de congratulação. Sob o pretexto da fé, a Igreja, no encolhimento do pensamento, queimou seres humanos vivos – a violência.

O amor, porém, se ergue como a mais elevada expressão de plenitude. Mesmo no âmago do mundo selvagem, existem gestos de afeto e cuidado.

A iluminação, primeiramente, como uma vela no meio da escuridão, quando atinge uma mente brilhante, é a sua boa colheita, plantando consciências em outros seres vivos.

Cabe à vastidão do pensamento a análise dos mitos como moldes primordiais do inconsciente coletivo, arquétipos que espelham a psique ancestral. Entre eles, Édipo, abandonado ao nascer. Sua existência não se reduz à fatalidade imposta pelos deuses, mas transforma-se em um legado a ser desbravado, uma epopeia escrita com a tinta indelével do protagonismo.

Acolhido pela solidariedade, adotado por uma família que não o gerou, Édipo se torna um portal de que a vida pode brotar do abandono, tal como uma flor que se impõe ao solo árido. Ao tentar fugir de seu destino, inadvertidamente o concretiza. Sua jornada é a dança inexorável da psique, na qual o inconsciente manifesta sua supremacia e expõe a ilusória convicção do ego.

Édipo depara-se consigo mesmo no instante da verdade. A humanidade carrega consigo seus enigmas existenciais. Os animais abandonados nas ruas são a crucificação cotidiana de Cristo, a dor tornada matéria, a compaixão convertida em ruína. Existem terras onde, sem a orientação cristã, esses seres são acolhidos e protegidos, desafiando-se a não os deixar na situação de rua. Com outros de nós, não matam, não roubam, plantam flores. Não é a aliança no dedo que minimiza separações, nem o número de igrejas que faz diminuírem o roubo, o crime, a violência.

A epopeia integra nossa identidade que desafia a sociedade quando ela é o nosso grilhão. A vagina da mulher, por séculos relegada ao domínio do falo masculino, reflete dinâmicas de opressão que atravessam as eras. Que epopeia erguer no lugar da autoimolação? Ser ilibada e comportada em busca de aprovação é uma forma de prostituição de si mesma. Mas, para o homem, é permitido o que a ela é interditado. No teatro das relações conjugais, esse descompasso torna-se o palco onde o privilégio masculino se ergue como um trono usurpado. Édipo casa-se com a mãe rainha e passa a reinar. Cada era com seu grilhão.

PERSPECTIVA HISTÓRICA

Na Idade Média, a violência doméstica era um segredo sepultado sob os tetos sombrios dos lares, um grito sufocado pelo peso das pedras do silêncio. Crianças e idosos eram abandonados pela convicção do ego, pré-arquétipo do Tio Patinhas que viria depois, em seu cofre de moedas, onde a escassez de moedas esmagava os laços mais íntimos e reduzia a compaixão a um luxo impraticável. O amor e a empatia apodreciam como unhas e dedos atacados por fungos.

Com a aurora dos séculos XVIII e XIX, um portal para os direitos humanos abriu-se, iluminando as consciências. A voz dos injustiçados, antes silenciada, agora encontrava eco em mentes brilhantes e desafiadoras. Antes desse marco, práticas como o infanticídio e o abandono de crianças com deficiência não eram apenas corriqueiras, mas também justificadas por dogmas de pureza e um pragmatismo cruel, em que a sobrevivência coletiva prevalecia sobre a vida individual.

Ao longo dos séculos, constatamos que as sombras do passado persistem, manifestando-se na violência, seja ela física ou emocional, oculta nos lares e nas sociedades. O castigo físico utilizado como método disciplinar agride não apenas o corpo, mas também a psique; o abuso emocional, por sua vez, dissolve-se no cotidiano, disfarçado de "educação". E o que é o dedo podre senão uma decomposição emocional, um grilhão da alma herdado?

No turbilhão da modernidade, impulsionados pela busca incessante pela produção, surgiram os filhos das creches. O Tio Patinhas, com seu cofre de moedas, substituiu a solidariedade das culturas indígenas e africanas, nas quais a parentalidade era um ato coletivo, desprovido de qualquer barganha comercial. A proteção da infância era compartilhada, e a responsabilidade recaía não sobre um único indivíduo, mas sobre todos. Assim como nas mãos anônimas que resgatam animais das ruas, ali se estabelece um pacto silencioso com a vida.

O CHAMADO À CONSCIÊNCIA: UMA EPOPEIA PREVENTIVA

Os desafios nobres são portais. Eles são o farol sobre nós mesmos – tanto no plano individual quanto no coletivo. Nas grandes metrópoles, como seres degradados, a violência é parte nossa. São Paulo, em particular, é um espelho disso: pais que ceifam a vida de seus próprios filhos; filhos que se tornam algozes dos próprios pais, pela baixa estima – decomposição emocional transformada em inveja de riquezas que acreditam nunca ser capazes de conquistar.

Há a perspectiva de infratores que recorrem a leis para o direito de defesa – não oferecido às suas vítimas. Que outra consciência expandida mudaria esse cenário, de modo a observar aquilo que está oculto? Em um país onde a ciência biológica não vê problema no amor homossexual, mas este é tratado com violência e prisão, que consciência libertaria o ser desse grilhão? Com que embasamento ele se formou?

Na violência conjugal, mulheres desprotegidas, ao se exporem nuas em protesto, ao não votarem no calendário marcado, ressoariam um grito de qualificação dos problemas? Afinal, outras, antes de perderem suas vidas, já haviam se autoimolado ao serem interditadas do direito fundamental de vivê-las. Perde a si mesmo, na alienação social, quem transforma o ser em um autômato sob a ordem sem questionar.

Em dado desfile internacional de moda, havia um roteiro de uma modelo que se despiria completamente. Põe-se no holofote o ser – o corpo da mulher, por si uma rosa, a roupa é enfeite. O conteúdo de um livro se limita à repetição acrítica, à degradação do amor e à violência contra a mulher? Não podemos fazer do livro produto de mercado, e sim transcendê-lo a um portal que ilumina o caminho da humanidade.

Em sua exibição numa bienal, tudo igual como num portal para a diversão? Não lhe dizem respeito a expansão da consciência, a vastidão do pensamento, a degradação emocional coletiva do país onde a bienal se realiza? Livros nas mãos de mulheres nuas: isso é pôr a boca no trombone por uma das mais nobres das causas, que é a superação da violência que apodrece a própria alma.

CAPÍTULO 21.

A VIDA, OS SONHOS, OS ENIGMAS E O PROTAGONISMO

Somos enigma e solução, navegadores de mares interiores, onde os sonhos são os mapas que nos conduzem às profundezas do ser, revelando, em cada sombra, as chaves ocultas para nossa própria evolução.

Somos, ao mesmo tempo, o problema e quem o resolve. No palco dos sonhos, onde a alma murmura em símbolos, psicanalistas encontram um idioma sutil, tecido na penumbra do inconsciente. Ali as sombras dos temores transfiguram-se em formas grotescas enquanto as aspirações mais secretas encontram passagens ocultas para a luz. Os dilemas do espírito apresentam-se como charadas, clamando por interpretação, mas tantas vezes cruzamos esses territórios como viajantes distraídos, alheios às profundezas de nosso próprio ser.

Um sonho de fragilidade pode ser o portal para uma força adormecida; um enigma que inquieta a mente reflete a eterna dança entre o que somos e aquilo que aspiramos nos tornar. Somos intérpretes de nossas próprias narrativas, desbravadores dos véus que ocultam nossos desejos mais recônditos. Os sonhos, mapas do inconsciente, guiam-nos por oceanos interiores, o pinguim é nosso símbolo. A vida nos desafia a conquistar territórios inexplorados de nossa essência.

A conexão entre os sonhos e os enigmas transcende os limites do tangível e nos conduz ao limiar do insondável. No território oculto da mente repousam as chaves para nossa evolução, pistas sutis que se oferecem àqueles dispostos a decifrá-las. Os enigmas interiores não são apenas obstáculos, mas convites para uma jornada de autodescoberta; os sonhos, sussurros de outro mundo, revelam caminhos que apenas os atentos ousam trilhar.

E o protagonismo? Manifesta-se na mulher que pinta as unhas como quem sela um pacto com sua própria beleza, que colore os lábios num ritual em que a boca se torna um símbolo socializado de desejo. Talvez, como a força primitiva no conceito do id freudiano, como vagina, proibida de se mostrar pelo superego. Agora, à vista: pense nessa maçã. Uma mulher vestida de tecido produz promessas com botões que desafiam mãos invisíveis, num jogo velado entre o real e o imaginado. E o psicanalista não pode afirmar que isso não acontece. A não ser com ele.

CAPÍTULO 22.

QUANDO O CORPO DA MULHER FLORESCE, ELA SE TRANSFORMA EM UMA DEUSA POESIA

Foto: Andréa Michels de Alcântara

Há um instante sagrado em que o corpo da mulher floresce e, em sua plenitude, converte-se em poesia viva. Nesse êxtase de existência, o gesto de pintar as unhas transcende a mera estética e se torna um ritual – uma primavera cotidiana em perpétua construção.

Na metáfora do dedo podre, a estética da alma entrelaça-se à poesia do corpo e, nesse enlace, ressoa a presença da Deusa Poesia. Pela pintura das unhas, não se trata apenas de adornar, mas de revelar: a operária do lar cede lugar à divindade que habita em cada mulher. Sem cor, a unha é escudo e serva do corpo; tingida, torna-se sacerdotisa da arte.

O ateliê da manicure, tal qual um estúdio de alta-costura ou um santuário de mestres da pintura, carrega a assinatura dos criadores. A unha pintada não é apenas superfície; é tela, é manifesto, é identidade, pois, ao ser tocada pela arte, a mulher não apenas se enfeita – ela se transfigura. Onde antes havia mãos, agora há versos. Onde antes havia gesto, agora há símbolo.

Assim, a Deusa Poesia desperta.

CAPÍTULO 23.

DO QUE DEPENDERÁS, TU AFAGARÁS

Quando o amor é incondicional, como o de Maria ao soldado Pantera, ele possui o poder de abrir um portal para a vida, iluminando até os recantos mais sombrios da existência.

A mãe leva seu bebê ao pediatra. Este, atento, não apenas cuida da criança, mas também da mãe. Antes, na gestação, ela foi tocada pelas mãos de um ginecologista. Assim como o bebê, que depende da mãe e a afaga, a gestante, em sua vulnerabilidade, busca no ginecologista um porto seguro.

Porém, eis que surge a ruptura da regra. A gestante, que colecionava perdas, sombras densas de tentativas frustradas, ultrapassou uma fronteira impensável: o beijo na despedida. Não um beijo comum, mas um gesto de cumplicidade silenciosa entre médico e paciente.

O beijo, demoradamente, se repetiu. Com ele, a quebra de um ciclo. Desta vez, a ameaça de interrupção da gravidez nunca se concretizou. O que antes se fechava em dor desabrochou em milagre.

Seria coincidência? Sorte? Ou a revelação de enigmas ocultos na tessitura da vida? A história dessa mãe que, após enfrentar desamparos e perdas, deu à luz no espelho simbólico de um beijo com o médico ressoa como um mito moderno, no qual o amor e a proibição se entrelaçam de forma sublime.

Um beijo entre paciente e médico, entretanto, não pode ser afirmado como a salvação da vida do bebê, mas também não pode ser descartado. É um enigma. Jesus pode ser filho do

Espírito, mas pode ser do soldado Pantera. Maria era noiva, e a paciente, casada. Independentemente do estado civil ou da direção da análise, da relação do médico com a paciente, não estão imunes de uma transferência de sentimentos do paciente para o analista ou para o médico. Da mesma forma, existe a contratransferência, o movimento de afeto que circula entre aquele que cuida e aquele que é cuidado. Uma dança de espelhos, na qual o enigma se revela no momento em que nos permitimos entender suas sombras e luzes.

Quando o ego é totalitário, ele impede até que o botão da rosa se abra e se manifeste. Contudo, o amor incondicional – como o de Maria ao soldado Pantera –, mesmo no segredo, tem o poder de abrir um portal para a vida, um portal de iluminação.

CAPÍTULO 24.

O BOTÃO DA ROSA E A ROSA INTERDITADOS PELA CONVICÇÃO DE EGOS TOTALITÁRIOS

O caso extraconjugal, que falou por sussurros, persiste, oculto nas profundezas do inconsciente, alimentando-se das sombras. O encontro do amor pode ser interditado, mas remanesce vivo nas próprias cinzas.

O botão da rosa que não vingou – interditado por um ego totalitário. Contudo, não era uma rosa qualquer – agora, ela ressurge das profundezas do tempo. Floresce novamente, como amante de um destino que a persegue sem descanso. É como Édipo, que foge do destino, mas, na fuga, o concretiza. Os olhares se entrelaçam, reconhecendo-se, cúmplices e ardentes, como fios frágeis de um tecido outrora desfeito, mas que, ao se tocarem, reconstroem suas promessas de orgasmos interrompidos, agora finalmente realizados.

Os corpos se buscam como naufrágios que, ao fim, encontram a mesma costa. A maré, que antes os separara com fúria, agora os empurra para o reencontro.

Reencontram-se como estrelas que colidem no infinito, penetrando-se em uma ânsia primordial de redenção. Seus corpos tornam-se templos sagrados onde o desejo se transforma no portal para o gozo. Fazem amor, mas, como Sísifo, ela carrega a culpa e uma condenação implacável, tecendo novamente a tapeçaria que se castra do que sente.

Ela foi testemunha de uma metáfora que reflete a dureza do pai, abstração de chofer de caminhão, e da mãe, sua incansável ajudante. O que importava era a despensa, resguardada sob a lona áspera e rude, feita para proteger o alimento, mas jamais para embalar carícias. Ao amor, ela se vê amordaçada; a única textura que conhece é a da aspereza, não a da seda suave e envolvente.

Como proclama a crença espírita, não se está a salvo dos espíritos que encostam nas figuras ancestrais. O caso extraconjugal, falado em sussurros, persiste, oculto nas profundezas do inconsciente, alimentando-se das sombras. Contudo, o que se revelou foi um efeito colateral ainda mais devastador. O caso extraconjugal, sem ameaça explícita, mas consentido, tem seu rompimento como um efeito dominó, espalhando-se e contaminando a relação conjugal. Eis o desdém pelo amor dos pais, mais preocupados com a despensa do que com o próprio amor. Nunca com o amor.

Apesar de se fundirem um no outro, parecendo transcender os limites de templos sagrados, ao não saber o que é o amor, não estão livres. Não estão imunes à possibilidade de um reencontro qualquer, sem maior significância. Nada mais. Ou, talvez, nesse intricado entrelaçar de emoções, como um legado da mãe austera e invejosa, agora habitando a filha amante, já sexagenária, novamente se castra, desfalecendo-se no mais íntimo do ser ao menor sopro de hesitação. Se nunca conheceu o amor, e sim foi vítima de seu interdito, ainda em seu primeiro botão de rosa, o que poderia, então, saber dele?

O caso extraconjugal, falado sem novos encontros, sem sussurros, permanece, talvez, indelével, guardado no repositório do inconsciente. Para aqueles que ousam desafiar a vastidão das emoções, é a alvorada de uma fênix, que surge das cinzas do próprio ser, pois o amor é um desafio, uma jornada que toca o infinito em um fugaz instante e transforma o efêmero em ponte para o eterno. Aquele que se torna aprendiz do amor não se contenta com menos que a emoção pura e verdadeira – se desfeita, que se cure; se ferida, que transcenda.

O adeus ao poleiro, sem aplaudir o próprio grilhão como um refúgio seguro, inevitavelmente aponta o dedo para o abismo interior, lança-se nele com coragem inabalável. Ali habitam os demônios que buscam aniquilar o ser autêntico; voltar-se para si mesmo é a única maneira de vencê-los. Pois não há amor sem vertigem, nem desejo que não evoque a escuridão; não há vida sem o risco de se perder. Eis a dúvida, a eterna indagação: reencontrar-se-ão, novamente, sob o mesmo céu de fogo e paixão?

CAPÍTULO 25.

DITADOR EXTERNO E DITADOR INTERNO

Não se curvar aos ditadores internos exige análise, para que não se tema a própria liberdade inata, aquela que foi interditada por ditadores externos.

Um pássaro não teme o abraço do céu. Nós, contudo, tememos o voo para além das convenções. A liberdade de sentir, de ser, de romper com o que já não nos nutre nos apavora mais do que a própria prisão. É como habituar-se ao sapato que nos machuca por medo de trocá-lo por outro.

Os mongóis da Sibéria encerraram em poucas palavras um pensamento mundial:

> Se duas pessoas não conseguem viver juntas, é melhor que vivam separadas.[10]

O entendimento é claro, mas de execução árdua – sacrificada nas mãos de um déspota oculto, um carcereiro sem rosto que vigia, insidioso, no âmago de nossa alma. A vítima do tirano externo carrega, em seu íntimo, o próprio grilhão, como uma cela invisível, erguida pelas muralhas do medo, do pensamento estreito, condicionado pelas interdições herdadas que limitam seu ser.

Entre os sexos, a vagina, ao se entregar além das regras impostas, carrega sobre si a autoimolação da culpa, uma chama acesa pela vergonha que se acende após o ato. E o protagonismo de se permitir exige o mais profundo desafio, uma

---

10 FISHER, Helen E. *Anatomia do amor*: a história natural da monogamia, do adultério e do divórcio. Rio de Janeiro: Eureka, 1995. p. 115.

epopeia de autossuperação. Somente ao desafiar os déspotas internos rompemos as correntes invisíveis que nos aprisionam. Somente ao reivindicar a liberdade de ser erguemo-nos além das ruínas do medo – e voamos. Identificar a autossabotagem – aquela que é vista como uma mera qualificação dos problemas – é como perceber o símbolo da galinha que, temerosa, usa os pés para caminhar, achando que é mais seguro. O extraordinário, quando abordado com coragem, é muitas vezes deturpado. A vida ordinária é vista como ortodoxa, a única verdade.

CAPÍTULO 26.

O DILEMA ANCESTRAL: ELE PODE, ELA NÃO, E A EPOPEIA DA TRANSFORMAÇÃO

Que cada escolha seja um grito de resistência. Que cada palavra se transforme em um martelo, quebrando as correntes das conveniências. Que a rosa erga sua face ao sol, não temendo se queimar pela opinião alheia, mas, enfim, sentindo-se bronzeada pela liberdade.

Uma tapeçaria de grilhões tecida no silêncio dos séculos. Quem é senhor do céu e a quem é negado o voo?

"Não sou teu destino, nem és o meu", ecoa uma voz insurgente, desafiando sua sentença cruel. Contudo, como Édipo, ao rejeitar o destino, acaba por selá-lo. Eis o que diz a mulher que se autoimola: "Escolherei aquele que, como meu pai em relação a minha mãe, me transformará em um relicário de dores". Assim, no vasto território do Brasil, essa sentença atravessa os séculos: cala-se a vítima, fortalece-se o algoz. Cultivamos espinhos com a mesma devoção com que os holandeses cultivam suas flores. Nossos pódios de índices de violência contra a mulher são campeões.

Nós, psicólogos, semeamos nossas boas colheitas, plantando consciência naqueles que nos procuram. Mas podemos ir além. Por meio dos livros que escrevemos, nas epopeias que somos chamados a protagonizar, como Fernão Capelo Gaivota, podemos difundir que alimentar o corpo é menos importante do que ser, em sua liberdade de se reinventar. Que cada palavra se transforme em um portal no qual não há correntes das conveniências. Que a rosa erga sua face ao sol, se bronzeie com o abraço erótico sem se prender à opinião alheia.

O tempo de Kairós se impõe – o momento oportuno. Casada? Solteira? Pouco importa. Mas até quando – homens ou mulheres – permaneceremos acríticos ao peso de Sísifo, à culpa manipulada para o controle da mulher?

A epopeia da transformação não pede licença – ela se ergue como tempestade, rasga véus como lâmina do destino, desafia dogmas e inscreve novos céus na eternidade.

CAPÍTULO 27.

CONSIDERAÇÕES FINAIS – O ENIGMA DA ESFINGE E O DEDO PODRE

Na mitologia grega, a Esfinge, sentinela do caminho e guardiã dos mistérios, propõe um enigma: "Que criatura caminha sobre quatro patas ao amanhecer, duas ao meio-dia e três ao anoitecer?". Uma construção humana intrincada, que se desdobra em portais de existência: o primeiro, o portal para a vida, quando os joelhos tocam a terra, humildes e reverentes; o segundo, o portal para a juventude, quando se erguem duas pernas que desafiam o vasto mundo; e, finalmente, o portal da velhice, cuja fragilidade é amparada pelo bastão. Mas há um novo portal, aquele da autossuperação, representado pela epopeia de Fernão Capelo Gaivota, que, ao transcender seus próprios limites, reinventa o voo e se eleva a novas alturas.

A Esfinge e o dedo podre erguem-se como charadas existenciais, uma tapeçaria de ilusões entrelaçadas entre o nascimento e a morte. Ela é o desafio supremo; o dedo podre encarna a decomposição daquilo que confere à vida seu mais sublime sentido: o amor.

ALMAS GÊMEAS COM ENCONTRO MARCADO?

Há quem diga ainda esperar por ele.

O encontro marcado da criança que se é com o adolescente que se tornará é inevitável –

assim como o da vida com a morte.

Há em nós um esquema de fases que se sucedem.

Mas como se deu a construção mental dessa criança, desse adolescente?
E quando diz ter o dedo podre, ainda que pense ter sido azar – não foi.
É matemática emocional a distância.

No repositório do inconsciente, cedo ou tarde, chega-se ao outro:
com moldagem de complemento, no olhar que promete,
no gesto que convida, no toque que hipnotiza.

Um começo de poema, em um dos lados da moeda: o amor.
Amor que vira chicote, entrega que vira sacrifício.

Os dois lados estão colados opostamente,
Mas, entre eles, há um abismo.

Esse é o enigma – como o da esfinge –
que nos habita desde antes,
quando ainda tínhamos quatro pernas
e os joelhos se arrastavam pelo chão.

No portal da enganação, os predadores desfilam com a majestade dos monarcas, enquanto as donzelas, em sua fragilidade, se vestem de Cinderelas. Mas, como tudo o que é ilusório, o esplendor é efêmero.

Ele, um plebeu disfarçado de príncipe; ela, uma Cinderela das sombras, se perde nas melodias da submissão. E canta, como uma galinha-d'angola, ressoando sua fraqueza: "Sou fraca, sou fraca". Sussurraram-lhe palavras de opressão: "Quando o homem fala, a mulher cala". Em sua ingenuidade ou pureza distorcida, responde: "Está certo". Entre seu grilhão e sua alforria é imperativa uma reflexão a partir do pecado original. Não sendo obedecidos, os deuses produziram

Sísifo, arquétipo da culpa pela desobediência a eles. Ela se sacrifica, viu isso na sua casa, na figura da mãe.

Quando o príncipe Tio Patinhas se encolhe diante do fulgor radiante de sua esposa, sua inveja alimenta seus monstros predadores. Eis a violência doméstica. Até quis ser um nobre – faltou-lhe competência.

No jogo de quem manda, se sente afrontado: "**Se não me deres o que quero, transformo-me em espinho para te ferir!**"

"Queres que eu morra?" (*Willst du, dass ich sterbe?*) – eis a sua súplica, como no verso imortal de Goethe. Mas eis que o tempo convoca uma nova releitura, e essas palavras transcendem os séculos, ressoando como um hino à superação e à eterna busca pela verdade.

Se não me queres, diz logo,
mas não me deixes aqui,
preso entre um "talvez" e um silêncio.
Teu olhar aquece, tua ausência congela.
Tua voz acende, tua distância apaga.
És fogo e gelo no mesmo toque,
um labirinto sem saída.
Se me amas, por que me testas?
Por que me fazes esperar
entre a febre da esperança
e o frio da indiferença?
Queres que eu morra?
Ou só queres ver até onde aguento
antes de desabar?

O eu lírico encontra-se acorrentado entre o desejo ardente e o martírio da inconstância – um duelo entre desvelo e descaso, entre o gelo e a brasa, entre a morte e a ressurreição. O amor, não digno desse nome, quando alquimia cruel, destila veneno e bálsamo em iguais medidas, pois nele o ódio adere à pele do afeto como uma sombra que se recusa a partir. "Deixa-me florescer", sussurra a rosa, na voz goetheana: "Queres que eu morra?". Na vastidão das emoções, a arte ousa mentir como portal da verdade. E se aos noivos fosse dado um presente, como uma tela de Di Cavalcanti? E se, em vez da tela digna dos deuses, uma tela ou estatueta esculpida na qual se visse o dedo podre ao lado de uma rosa? Que, ao deitarem-se e ao despertarem, seus olhos se voltassem para a reflexão: não sacrifiques o talo que me sustenta, assim como não permitas que nosso amor apodreça.

A AUTOSSUPERAÇÃO DA VIDA IRREAL

Distingue na pirâmide o espaço escasso de príncipes, e o vasto das Cinderelas. Há aquelas que, depois de achar que haviam se realizado, acusam-se de dedo pobre por haverem se confundido. Divorciam-se. Ao cruzar a soleira dos 45 anos, com os filhos alçando voo rumo ao próprio destino, estariam elas diante do fracasso? Com autossuperação, jamais. Apenas rasgaram os espartilhos, desfizeram-se da ilusão de Cinderela. Não há sapatinho de cristal nem relógio que determine o fim da festa. Elas transformaram a soleira da idade no portal das mulheres soberanas de si mesmas – não princesas à mercê de coroas, mas rainhas que forjam seus próprios reinos.

No portal primitivo da vida, Eva vem após Adão. Na conduta, pela identidade ao DNA masculino, deita-se para o sexo fora das regras, sem tributo a pagar. Alforria-se de seu grilhão, a soberania da mulher em que seu corpo não é altar nem troféu, mas sua vida. O gozo é seu – sem véus, sem culpas, sem concessões.

Jazem nas galerias do inconsciente as distinções entre os sexos. Se Deusa Poesia, a mulher transforma suas unhas em telas de pintura, o leito em reinos de seda e o corpo em fragrância de rosas. Nesse portal do encontro, se extraconjugal, rompe as amarras com pincéis que pintam sua soberania.

Adão dá vida a Eva, o príncipe é portal para a promoção a princesa. Contrariado, impõe: "Devolve minha aliança! Não serás mais princesa!". E ela responde: "Será um portal para uma vida nova, um florescer sem temor da servidão", liberta da arapuca que a aprisionava. Se ressoar a perda do outro – seja qual for o sexo –, é porque, na verdade, já havia perdido a si mesma, sem sequer perceber. A entrega fora silenciosa, pedaço por pedaço, nos gestos pequenos, nos silêncios engolidos, nas concessões feitas sem se dar conta.

Havia um desejo genuíno de conexão, de ser parte do outro, mas por inteiro, sem perceber que, ao tentar se fundir, se esvaziava. Aos poucos, suas vontades foram sendo postergadas e seus sonhos começaram a se moldar aos de quem estava ao seu lado. O espelho ainda refletia um rosto familiar, mas os olhos que o encaravam já não carregavam a mesma luz.

O apego, seja ao seio bom ou ao seio mau, rasga e reduz tudo a um vácuo. Chorou pela ausência, pela falta, pelo espaço vazio que o outro deixou. Mas, sem perceber, cada pessoa, antes de tudo, chora por si mesma. Chora pelo que foi e já não é mais. Pela essência que, há muito, se diluiu em nome de um amor que talvez nunca tenha sido amor, mas sim anulação.

E agora? Chegou o momento de reunir os cacos, de relembrar os sonhos esquecidos e de buscar, novamente, o reencontro consigo mesma. A dor da ausência pode não desaparecer de imediato, mas, no caminho da recuperação, talvez você perceba que o verdadeiro luto não era apenas pelo outro – era, acima de tudo, por si mesma, pelo que se perdeu no processo. Assim você começa a perceber que, em uma única vida, existem muitas vidas a serem vividas, muitas delas ainda por descobrir.

Se ainda permanecem no mesmo leito, que ambos desfaçam o jogo que impõe a desonestidade e permaneçam firmes em sua jornada de autoconhecimento. Que a filosofia da qualificação de problemas seja o portal. Não arranquem a rosa do caule; renovem as emoções. Não se ache protagonista criando ou perpetuando muros. Eles são seus fungos. A cura está no seu poder de transcender, sem decompor emoções.

Exorcizem-se de Adão ou de Eva, do príncipe ou da Cinderela ofendida, da decomposição emocional. Não se trata de perdão, mas do abandono do machucado para viver com gozo.

REFERÊNCIAS

ABREU, Cristiano Nabuco de. *Teoria do apego*: fundamentos, pesquisas e implicações clínicas. 1ª ed. Belo Horizonte: Artesã Editora, 2023.

ALCÂNTARA, Mamede de. *Renascer*: um processo de amor, São Paulo: Editora Gente, 1993.

ALCÂNTARA, Mamede de. *Terapia pela roupa*. São Paulo: Mandarim-Siciliano, 1996.

ALCÂNTARA, Mamede de. *Pontuando a mente a cada instante*. São Paulo: Caminho das Ideias; Navegar Editora, 2006.

ALCÂNTARA, Mamede de. *A crise depois da formatura*. São Paulo: Giz Editorial, 2009.

ALCÂNTARA, Mamede de. *A missão da roupa*: da moda ao discurso nas performances. São Paulo: Porto de Ideias, 2010.

ALCÂNTARA, Mamede de. *Outra forma de amor*: "Cachorro gato", membros da família multiespécie. São Paulo: Labrador, 2023.

ALCÂNTARA, Mamede de. *Envelhe © Ser – Rejuvenescendo:* a revolução Kairós nas escolhas. Curitiba: Apris; Artêra, 2024.

ALCÂNTARA, Mamede de. *O último caldo da laranja*: rupturas corpo e alma. Curitiba: Kotter Editorial, 2024.

BOWLBY, John. *Apego*: a natureza do vínculo. Vol. 1, 3ª ed. Tradução de Álvaro Cabral e Auripebho Berrance Simões. São Paulo: Martins Fontes, 2002.

EDINGER, Edward F. *O arquétipo cristão*: um comentário junguiano sobre a vida de Cristo. Tradução de Adail Ubirajara Sobral. São Paulo: Editora Cultrix, 1987.

EISLER, R. *O prazer sagrado*. Rio de Janeiro: Rocco, 1995.

FISCHER, Helen E. *Anatomia do amor:* a história natural da monogamia, do adultério e do divórcio. Tradução de Magda Lopes e Maria Karbajal. Rio de Janeiro: Eureka, 1995.

KAHNEMAN, Daniel. *Rápido e devagar*: duas maneiras de pensar. Tradução de Cássio de Arantes Leite. Rio de Janeiro: Objetiva, 2011.

WEIR, Stephen. *As piores decisões da história*: e as pessoas que as tomaram. Rio de Janeiro: Sextante, 2014.

FSC
MISTO
Papel
FSC® C092828

2023
CARBON
NEUTRAL
SAVE

www.crivoeditorial.com.br
contato@crivoeditorial.com.br
facebook.com/crivoeditorial
instagram.com/crivoeditorial
loja.crivoeditorial.com.br

crivo